천지를 삼킨 물고기

천지를 삼킨 물고기

등록 1994.7.1 제1-1071
인쇄 2005년 3월 7일
발행 2005년 3월 15일

지은이 오문환
펴낸이 박길수
펴낸곳 도서출판 모시는사람들
　　　　110-260 / 서울시 종로구 가회동 175-2번지.
　　　　대표전화 743-6487 / 팩스 763-7170

디자인 이주향
편　집 김혜경

출　력 삼영출력(02-2277-1694)
인쇄·제본 (주)상지피엔비(031-955-3636)
홈페이지 http://www.donghaknews.com

값은 표지 뒷면에 있습니다.
ISBN 89-90699-28-2

천
지
를 오문환 지음 삼
킨
물
고
기

도서 모시는사람들

두 벗, 한울님과 자연을 찾아서

　궁窮하면 통通하고 극極에 이르면 되돌아간다는 이야기는 힘겨운 삶에 희망을 불어넣는다. 알 수 없는 인연으로 동학·천도를 만나서 연구도 하고 마음공부를 하면서 저는 동학·천도는 현대인이 잃어버린 두 벗을 찾는 길이라는 점을 어렴풋하게나마 느낄 수 있었다. 두 친구란 한울님과 자연이다.

　동학·천도는 초월과 절대의 성에 갇힌 신을 우리의 일상적 삶 속에 모시고 있는 살아계신 '님'으로 되찾아 주었다. 이 내 안의 '님'을 믿고, 공경하고, 정성드리는 길이 바로 동학·천도의 길인 것이다. 또한 동학·천도는 대상화되고 사물화된 자연을 스스로 움직이지 않으면서도 손가락 하나 움직이는 일에서부터 저 하늘의 수많은 별들의 운행까지 간섭·명령하지 아니함이 없는 무궁하고 무한한 기운과 조화로 되찾아 주었다.

이 두 벗을 자기 안에서 되찾을 때 사람은 비로소 새 사람이 되어 새로운 문명의 새벽을 열게 된다.

이 책은 지난 2003년 추석 때 영등포교구의 청년 약 30여 명과 함께 월산 선생님 댁을 방문한 자리에서 월산 선생님이 적극 권유하시고 여러 동덕님 들이 재청하셔서 집필하게 되었다. 이렇게 외람된 이야기를 하게 된 것은 천 지 사방이 막힌 옹색한 세계에서 나를 보다 깊고, 넓고, 높은 세계로 이끌어 주신 분들이 계셨기 때문이다.

먼저 월산 김승복 선생님께 깊은 감사를 드린다. 나의 부족함으로 말미 암아 선생님의 가르침의 깊이와 넓이를 소상하게 이해하여 오롯이 밝히지 못하는 점이 안타까울 뿐이다. 그 가르침은 하늘처럼 무한하고 자연처럼 무 위이화無爲而化하는데, 내 마음이 미치지 못하여 그 고마움을 표현할 길이 없기에 송구할 따름이다.

　또한 도학 공부를 하면서 만났던 모든 분들은 남녀노소나 지식 유무에 관계없이 깊은 가르침을 주셨다. 만나는 분들마다 잠자는 내 영성을 깨워 주셨고, 숨어 있는 이치를 드러내 주었고, 부딪치는 일마다 내 무딘 감성을 일깨워 주었다. 사람만이 나를 가르친 것이 아니라 심지어 화악산의 상서로운 구름과 각천정覺天亭 앞의 도라지밭도 나에게 소중한 깨우침을 주었다. 진심으로 감사드린다.

　책의 초안을 읽고 정성어린 관심과 지도를 베풀어 준 분들께도 깊이 감사드린다. 열린 마음으로 언제나 좋은 토론을 해 주신 김춘성 교수님, 원고를 상세하게 읽으시고 정성스럽게 바로잡아 주신 김영균 선생님, 부족한 부분을 정확히 짚어 보완토록 해 주신 소설가 김춘옥 님, 좋은 책 제목을 주신

의사 박정연 님, 좋은 제안과 함께 본문의 소제목들을 잡아 주신 임금복 박사님, 치밀하게 읽고 따뜻한 제안을 주신 박소정 박사님께 감사의 말씀을 드린다. 평소에 좋은 가르침을 주셨거나 초안을 읽고 좋은 말씀을 주신 다른 여러 분들께도 깊이 감사드린다. 이렇게 고마운 분들이 계셨기에 단편적인 생각들을 한 권의 책으로 엮어 펴내게 되었다.

변함없는 정성으로 책을 만들어 주신 우보 박길수 대표님과 김혜경 씨를 포함한 편집부 식구들께도 고마움을 전한다.

2005년 3월 1일

화악산에서 오 문 환

목차 *

천지를 삼킨 물고기

제 1 부 만남

한울님 하신 말씀 개벽 후 오만년에 네가 또한 첨이로다

나도 또한 개벽 이후 노이무공 하다가서 너를 만나 성공하니

나도 성공 너도 득의 너희 집안 운수로다

* * * 수운 * * *

제 1 장   꽃은 피고 물은 흘러

용담의 물이 흘러 네 바다의 근원이요

구미산에 봄이 오니 온 세상이 꽃이로다

龍潭水流四海源 龜岳春回一世花

* * *   수운

산에는 꽃이 피어 봄을 알리고

산에는 꽃이 피어 봄을 알리고, 계곡에는 물이 흘러 대지를 적시고 마침내 바다와 하나가 된다. 꽃은 하늘에 열린 성품 마음이요, 물은 하늘 기운과 통한 마음 기운이다.

산은 움직이지 않고 변화하지 않는 본성에 비유되고, 물은 변화무쌍한 지형에 어김없이 적응하는 마음에 비유된다. 마음이 그 본성을 잃게 되면 세상의 기운에 휩쓸려 떠내려갈 것이요, 마음이 조화를 잃게 되면 세상의 변화에 올바로 대응하지 못할 것이다. 마음이 본성을 찾으면 고요하고 영원하고 움직이지 않게 되고, 마음이 조화에 통하게 되면 천변만화하는 세상의 일에 통하게 된다.

산과 물은 마음의 고요한 본성과 변화무쌍한 기운을 상징하기에 예로부터 많은 도인들이 화두로 삼아 공부하였다. 마음의 고요함과 움직임을 산과 물에 비유하여 수운 최제우는 자신의 깨달음을 노래했다.

용담의 물이 흘러 네 바다의 근원이요

구미산에 봄이 오니 온 세상이 꽃이로다

龍潭水流四海源　龜岳春回一世花

　세상 사람들은 한겨울의 산에는 꽃도 피지 않고 물도 흐르지 않아 삭막하다고 생각한다. 그러나 겨울산은 결코 삭막하지 않다. 눈이 오는 날이면 천지가 온통 희고 흰 색으로 하늘과 산의 경계가 사라져 하나가 된다. 그 가운데 산길을 걷는 나도 흰눈에 흡수되어 하나가 되는 듯하다.

　눈이 그치고 구름 한 점 없는 투명한 어느 날 '화악산 수도원'을 둘러싼 산봉우리들에 피어난 희고 흰 눈꽃이야말로 화악산의 사계절이 피워 내는 꽃 가운데 가장 아름다운 꽃이었다. 그렇게 아름다운 꽃이 한겨울에 필 줄이야. 그리고 바람이 몹시 부는 날이면 계곡의 숲이 연출해 내는 장엄한 소리는 하늘이 내려 준 교향악이었다. 바람 소리에 화답하듯 얼어붙은 계곡 아래에서는 물이 바위를 애무하면서 도란도란 흐르고 있었다. 한겨울 화악산에는 꽃도 피었고 물도 흐르고 있었다. 수운 최제우는 자신의 도를 '산 위의 물'로 비유하였다.

내 마음이 하늘 마음이 되면

내 마음이 하늘 마음이 되면 하늘이 곧 내 마음이요 내 마음이 곧 하늘이 되어 둘이 아닌 세계에 이르게 된다.

예전에는 내 마음 안에 이런 마음이 있는지 몰랐지만, 내 마음에서 우주의 꽃이 피어날 때 내 안에 또 다른 '본래의 나'가 있었음을 알게 된다. 이것이 지금부터 146년(1860) 전 수운이 체험하여 우리에게 가르쳐 준 경지이다.

이 '본래의 나'는 우주 만물의 근본 자리이며 본래의 고향이다. 그렇기 때문에 본래 나의 순수한 아름다움과 고요함이 깨어날 때 사람은 비로소 이 마음이 곧 우주 만물을 창조하고 기르는 창조주 부모님임을 알게 된다. 현실 세계에서 부모님은 나와 다른 몸을 가지고 바깥에 계시지만 마음의 부모님은 내 안에 몸이 없이 계신다는 사실을 알게 되어 이 부모님께 정성을 다하여 효도할 수 있게 된다. 이는 수운을 이은 해월 최시형海月 崔時亨의 주된 가르침이었다.

내 안에 계신 참 부모님은 영원하고 순수한 나의 성품이다. 우주 만물은 이 하늘 성품을 재료로 하고 하늘 성품을 원리로 하여 태어났다가 사라진다.

우주 만물이 비록 겉으로 보기에는 다양하지만 안으로 보면 유일무이한 하나의 성품뿐이다. 하나의 성품이 이처럼 다양한 모습으로 드러난 것은 마음 기운 때문이다. 하나의 성품이 마음의 기운 작용으로 말미암아 다양한 모습으로 형상화되어 나타났다.

모든 사람들이 하늘 성품을 갖고 태어났음을 의암 손병희義菴 孫秉熙는 밝게 알아 널리 알렸다. 냄새도 없으며, 형상도 없으며, 움직임도 없는 무형의 꽃이 피어나면 우주 본래의 실상이 꾸밈없이 눈앞에 열리게 된다. 우주가 일체의 비밀의 옷을 벗어던지고 알몸의 실상으로 다가올 때 우리는 흔히 개화開花, 득도得道, 깨달음覺道, 견성見性이라는 말로 그 마음의 경지를 표현한다.

모 든 우 주 기 운 이 복 종 해 온 다

마음이 하늘에 열리면 모든 우주 기운이 복종해 온다. 우주를 창조하고 변화하게 하는 기운의 주인은 하늘이다. 하늘의 뜻에 따라서 기운이 만들어 낸 결과물이 자연이다. 기운이 자연 사물을 만들었다고 하지만, 없는 곳에서 창조한 것이 아니라 기운이 하늘 성품을 강하게 묶어서 형상으로 눈에 보이게 된 것일 뿐이다. 그러므로 자연 사물은 굳어진 하늘이요, 기운에 묶인 하늘이라 하겠다. 기운의 맑고 탁함 또는 약하고 강함에 의하여 다양한 현상 세계가 탄생한 것이다.

그러므로 자연의 주인은 하늘이며 자연을 운행하는 힘은 기운이다. 창조하고 변화시키는 힘의 주인은 하늘 기운이기 때문에, 자연은 어떤 경우에도 하늘의 뜻을 어기는 경우가 없다. 불이 타오르는 것도, 물이 흘러내리는 것도 하늘의 뜻을 받들기 위함이다. 이렇게 자연은 하늘의 뜻을 그대로 받들기 때문에 자연은 하늘의 뜻에 따라서 스스로 그렇게 운행한다. 이를 무위이화無爲而化라 한다.

사람의 마음이 하늘과 하나가 되면 모든 우주의 기운은 하늘 마음에 복종하게 된다. 기운의 주인은 하늘이기 때문이다. 마음이 하늘에 통한 사람은 자연을 창조하고 변화시키는 힘과 또한 하나이기 때문에 자연과 완전히 통하여 자연처럼 자연스럽게 마음을 쓸 수 있다.

마음이 이러한 경지에 이른 것을 수운은 조화정造化定이라고 하였다. 조화에 자리잡은 사람은 하늘처럼 모든 것을 베풀지만 자신이 베풀었다고 생각하지 않으며, 하늘처럼 모든 존재들을 돌보지만 자신이 돌본다고 생각하지 않는다.

이런 사람은 우주 삼라만상을 모두 하늘의 표현으로 보기 때문에 밥 한 그릇에서도 하늘을 본다. 또한 밥을 먹는 사람도 하늘이기 때문에 "사람이 밥을 먹는다."라고 말하지 않고 "하늘이 하늘을 먹는다.^(以天食天)"고 한다.

사람도 자연도 하늘일 따름이다^(物物天事事天). 해월이 이러한 가르침을 베풀었다. 자연이 한울님의 표현이라는 사실을 아는 사람은 먼지 같은 세상에 물들지 않으며, 흔들리지 않는다. 이러한 사람은 자연이라고 하는 티끌 세상과 하늘이라고 하는 순수 세계에 얽매이지 않아 언제 어디서나 자유롭다. 어느 곳에도 매이지 않기 때문에 오직 자유로 살며 하늘의 길을 걸으며 하늘의 도를 행한다. 의암이 이러한 경지를 밝게 열어 주었다.

마음은 새로운 경지를 맛보게 된다

하늘이 비밀의 옷을 벗을 때마다 마음은 새로운 경지를 맛보게 된다. 그러면서 마음에는 새로운 기운이 열리게 된다. 새로운 기운과 통하는 것을 인도인들은 갠지즈강에 비유하였고, 불교도들은 감로수가 흐른다고 하였고, 유가에서는 기운이나 조화 또는 귀신에 통한다고 하였고, 천도교에서는 하나의 기운에 통한다고 하였다.

이렇게 하늘과 땅은 세 사람, 수운·해월·의암에 걸쳐서 열렸으나 모든 사람들에게 열린 것은 아니다. 하늘과 땅에 열린 사람들을 '하늘 사람'이라 하기도 하고 '새사람(新人間)'이라고도 한다. '다시 개벽'은 내가 내 하늘을 깨닫고 내가 하늘 기운에 통하여 새로운 사람으로 태어나는 것이다.

그러나 한 송이 꽃이 피어나면 주변의 꽃들도 피어나기 시작하고, 한 곳에서 얼음이 녹으면 강 전체의 얼음이 녹기 시작한다. 봄은 이렇게 소리도 없이 다가와 모든 것들을 변화시킨다. 한 명의 새사람이 태어나면 가정이 변하고, 사회가 바뀌고, 나라가 개벽된다. 저절로 개벽되는 것이 아니라 새사람의 덕에 의하여 세상이 새롭게 열리는 것이다. 사람이 바뀌면 세상이 바뀌고 나아가 자연의 순환 또한 바뀌지 않을 수 없으니 이것을 후천개벽이라 한다.

지금까지 알지 못했던 새로운 세상이 어떤 인격을 만나서 어떻게 열리는가?

앉으나 서나 오로지 그리던 님을 내 안에 모시고 있다는 그 벅찬 깨달음
이 있으며, 또한 그 님의 기운과 하나로 통하여 자유로이 소통할 수 있는 존
재인 줄 우리는 어떻게 아는가? 그리고 하늘과 자연이 둘이 아님을 알고, 너
와 내가 둘이 아님을 알아 하나되는 전율하는 즐거움을 마음껏 누리고, 지금
까지의 사람이 아닌 완전히 새로운 사람으로 어떻게 다시 태어나는가? 과연
이러한 일이 일어날 수 있는가?

지금까지 우리들이 알고 있는 사실과 가치 그리고 종교적 틀로서는 쉽
게 생각할 수 없을 것 같은 일들이 과연 일어날 수 있는가?

우주 만물의 주인이 한울님이고 만약 사람이 한울님과 하나가 된다면,
불가능은 사라지고 모든 일들이 그렇고 그렇게 가능할 것이다. 철학적으로
어떻게 그러한 일이 가능한지에 대하여 생각해 보고 실제로 그러한 일이 어
떻게 일어났는지를 묘사해 보는 것이 이 책의 목적이다.

제 2 장　만남

거울이 티끌에 가리지 않으면 밝고

저울에 물건을 더하지 않으면 평평하고

구슬이 진흙에 묻지 않으면 빛나느니라

* * *　해월

하늘의 소리를 듣고
하늘의 모습을 감상하기 위해서는

    하늘의 소리를 듣고 하늘의 형상을 감상하기 위해서는 특별한 감수성이 필요하다. 영적 경계를 체험하기 위해서는 마음이 극도로 예민해져야 한다. 그리하여 어느 날 영적 감각이 열리게 되면 야밤 삼경에 흐르는 물도 소리를 그쳐 고요에 빠져드는 것을 느끼고, 미명의 새벽에는 산골짜기를 가득 채우는 새들의 합창에서 하늘의 소리를 듣게 된다.

    『중용』에 "누구나 밥을 먹지만 참맛을 아는 사람이 드물다."라는 말이 있다. 의암은 "사람이 세상에 남에 하늘 성품으로 말미암지 아니함이 없건마는 능히 그 성품을 거느리는 이가 적고, 누구나 집에서 살지 않는 이가 없건마는 그 집을 잘 다스리는 이가 적다."고 하였다. 하늘은 번개보다도 더 빨리, 천둥보다도 더 크게, 소나기보다도 더 강하게 축복의 비를 쏟아 붓고 있으나 이 광경을 보고, 이 소리를 듣고, 이 비를 맞는 사람은 드물다. 그러므로 탓할 것은 하늘이 아니라 자신의 둔한 감성이다. 마음이 비고 고요하게 되면, 새로운 소리가 들으려 하지 않아도 들리고 새로운 모습이 보려고 하지 않아도 보인다.

과학자와 예술가가 일상의 단조로움을 벗어나는 새로운 경계로 나아가는 문을 열어 주듯이, 영적 지도자는 일상 세계에 깃들어 있는 영성靈性을 온전히 열어 보여 사람들로 하여금 능히 참된 세계에 이르게 해 준다. 이들은 굳어진 물질 세계의 이면에서 숨쉬고 약동하는 기운의 세계를 드러내 주고, 일체의 소란이 그치는 고요한 영성의 세계로 들어가게 해 준다. 모든 것이 다 사라지더라도 영성은 사라지지 않기 때문에 영성의 소리와 형상은 영원하다. 그러므로 감성의 문을 연 사람에게는 새로운 세계가 열린다.

보이는 현상 세계에서 보이지 않는 실상의 세계를 보기 위해서는 아무리 미세한 파동이라도 잡아낼 수 있는 매우 예민한 감수성이 필요하며, 어떤 장막이라도 뚫을 수 있는 강력한 지혜의 빛이 있어야 한다. 왜냐하면 아무리 촘촘한 그물이라도 물을 잡을 수는 없으며, 아무리 잘 짠 잠자리채라도 공기를 잡을 수는 없기 때문이다. 새로운 세계를 느끼기 위해서는 새로운 감성이 필요하다.

보이지 않는 실상의 세계를 잡기 위해서는 거친 마음이 아닌 정묘한 마음이 필요하다. 현상계를 이루고 있는 강력한 에너지의 벽을 넘어서기 위해서는 매우 집중되고 강력한 지혜의 빛이 있어야 한다. 집중된 기운이 없으면 현상계의 에너지 벽을 넘어서지 못한다. 에너지의 장막을 뚫기를 원한다면 마음을 바늘처럼 만들어야 한다. 그러나 바늘도 오히려 두께가 있으므로 완전히 두께가 없을 정도로 마음의 기운을 집중시킬 때 우리는 모든 에너지 장막들을 뚫고 실상의 세계에 다가갈 수 있다.

9 겹 의 에 너 지 장 막

예로부터 우주는 9겹 혹은 7겹의 에너지 장막으로 구성되어 있다고 한다. 이 장막을 뚫고 진실의 세계로 나아가기 위해서는 여러 겹의 관문을 통과해야 한다. 구중궁궐九重宮闕의 관문을 지나서 마침내 황제와 만난다는 이야기나 7개의 여의주를 모아서 마침내 천상 천하를 자신의 뜻대로 할 수 있다는 이야기는 잘 알려진 이야기들이다. 진실의 세계를 만나는 것이 얼마나 어려운 일인가를 보여 주는 이야기들이다.

수운도 진리를 찾아 구도의 길을 걸으면서 많은 고난의 관문들을 지나게 된다. 그러나 뜻하는 일을 하나도 이루지 못하고 고향 용담으로 돌아왔다. 용담에서 뜻을 이루지 못하면 결코 밖으로 나가지 않겠다는 입춘시立春詩를 써붙이고 마음공부에 매진한 결과 1860년 늦봄에 드디어 뜻을 이루었다.

수운을 묶고 있는 크나 큰 질곡 중의 하나는 어머니 한 씨 문제라 하겠다. 아버지 최옥에 대하여 수운은 지나칠 정도로 자랑을 하고 있지만 재가녀였던 어머니에 대한 언급은 일체 없다. 서얼로 태어난 수운은 조선 후기 서얼차별을 온몸으로 느꼈던 것으로 보인다. 1860년 득도 이후 수운이 데리고 있던 하녀 한 명을 며느리로 삼고, 다른 한 명을 수양딸로 삼은 것을 보아도 시대적·사회적 족쇄에 대한 수운의 태도를 엿볼 수 있다. 억압적 사회 제도의 노예가 되는 한 새로운 경계는 열리지 않는다고 하겠다.

수운을 얽어맨 또 다른 질곡은 아버지로 상징되는 유학이었다. 영남학파의 영향을 받은 아버지 최옥으로부터 수운은 자유로울 수가 없었던 것으로 보인다. 그러나 화재로 말미암아 아버지가 물려준 집과 함께 많은 서책들을 잃게 된다. 수운은 비록 아버지에 대한 향수어린 기억을 적지 않게 글로 남겼지만 실상은 아버지로 상징되는 유학의 세계를 극복했기 때문에 천도를 깨달을 수 있었다고 하겠다. 마음의 자유를 원하는 사람은 지배 이데올로기로부터도 자유로워져야 할 것이다.

전국을 방랑하면서 세상 물정도 살피고

갖가지 질곡으로부터 벗어나기 위하여 수운은 방랑길을 택하였다. 그리하여 방물장수로 전국을 방랑하면서 세상 물정도 살피고 수도하는 분들도 찾아보았을 것이다. 그 길에서도 수운은 별다른 소득도 없이 집으로 돌아와서 곤궁해진 살림을 일으키려고 철점鐵店을 여는 등 나름대로 힘써 노력하였지만 하는 일마다 어그러져 살림은 더욱 곤궁해지고 몸 하나 의지할 곳도 없게 된다. 그리하여 처자식을 울산의 처가에 맡겨 두고 천성산 내원암에서 49일 기도를 하지만 뜻을 이루지는 못하였다. 가족의 생계마저 위협받고 뜻하던 득도도 하지 못하자 수운은 아버지가 물려준 구미산 계곡의 용담정이라는 초막으로 처자식을 데리고 들어오는 가련한 처지가 되었다.

인물도 출중하였을 뿐만 아니라 어려서부터 총명이 넘쳐 무불통지無不通知한 수운이었으나 처자식들을 지리한 생활고에 시달리게 하였으며 뜻하는 일을 하나도 제대로 이루지 못하였다. 부모님께 불효하고, 과거에도 급제하지 못하고, 살림을 일으키지도 못하고, 뜻했던 도통도 하지 못한 슬픔이 다음 구절에 잘 드러나고 있다.

구미 용담 찾아오니 흐르나니 물소리요
높으나니 산이로세 좌우 산천 둘러 보니
산수는 의구하고 초목은 함정하니
불효한 이내 마음 그 아니 슬플소냐
오작은 날아 들어 조롱을 하는 듯고
송백은 울울하여 청절을 지켜내니
불효한 이내 마음 비감회심 절로 난다.

말할 수 없는 슬픔만 안고 수운은 아버지가 남겨 주신 용담정으로 돌아왔다. 그렇지만 실낱 같은 희망마저 버리지는 않았던 것 같다. 왜냐하면 수운은 용담에서 꼭 도를 이루고야 말겠다는 입춘시를 써 붙이고 수도에 정진하였기 때문이다. 그리하여 용담의 집에서 수운은 대도에 통하게 된다.

부처님은 출가하여 보리수 아래에서 견성하였고, 예수님은 광야에서 하나님을 만났다고 하지만 수운은 용담의 집에서 한울님을 만나서 대화하고, 영부를 받고, 주문의 가르침을 받았다.

이후 일 년여에 걸쳐서 새로운 체험을 다각도로 생각하여 정리한 뒤, 1861년부터 아내에게 제일 먼저 도를 전하고 이어 구름처럼 찾아오는 많은 선비들에게 깨달은 바를 가르치기 시작하였다. 제자들의 숫자가 늘어나자 1863년에는 접주제를 시행할 정도가 되었다.

경신 사월 초오일에 수운은 어떤 체험을 한 것일까? "천지가 아득해서 정신 수습 못할러라."고 한 것을 보아 수운은 하늘이 껍질을 벗고 땅이 꺼지는 듯한 체험을 하였던 것 같다. 수운 자신도 너무나 놀랐던 것 같다. 그러므로 한울님이 "놀라지 말고 두려워하지 말라."고 수운에게 직접 말하면서 세상 사람들이 말하는 상제가 바로 자신이라는 사실을 밝혔다.

「용담가」에 묘사된 바에 따르면 한밤중에 일어난 갑작스런 사건을 보고 부인은 너무 놀라서 한편으로는 팔자 타령을 하면서 어떻게 약이라도 써 볼 요량을 하면서 엎어지며 자빠지며 온통 야단법석이었다. 이를 본 아이들은 너무 놀라고 무서워 방구석에서 울기만 하고 있었다.

한울님은 수운에게 "백지를 펴라" 분부하고

　참으로 놀랄 만한 만남에서 한울님은 수운에게 "백지를 펴라" 분부하고 '삼신산 불사약'이라 하는 영부靈符를 내려 주게 된다. 또한 수운은 한울님으로부터 사람이 지극히 한울님을 위하도록 가르치는 주문을 받게 된다. 영부는 사람들을 질병으로부터 구원하는 선약으로 묘사되고, 주문은 세상 사람들에게 천도를 가르치는 글이다. 영부란 하늘의 영에 한치의 오차도 없이 정확하게 일치했다는 일종의 증험이며 증표인 셈이고, 주문이란 하늘의 영에 정확하게 이르러 하나가 되는 공부법이다.

　영부와 주문은 한울님이 오만년 만에 처음으로 내려 준 것이며 앞으로 오만년 동안 이어질 도라고 하였다.

　　개벽 후 오만년에 네가 또한 첨이로다
　　나도 또한 개벽 이후 노이무공 하다가서
　　너를 만나 성공하니 나도 성공 너도 득의
　　너희 집안 운수로다.

대부분의 종교 창시자들은 어떤 결정적인 시점에 결정적인 영적 체험을 하여 종교를 창시한다. 천도교의 경우에도 마찬가지이다.

수운은 이전에는 알지 못했던 새로운 존재와 만나 완전히 새로운 경지를 열게 된다. 즉, 예전에도 없었고 지금에도 없는 새로운 길이 열렸다. 수운은 이를 '만고 없는 무극대도無極大道'라고도 하고 '무궁 조화' 또는 '혼원일기渾元一氣'의 기운이라고도 표현하였다. 너무나 새로웠기 때문에 수운은 "사양지심 있지마는 어디 가서 사양하며 문의지심 있지마는 어디 가서 문의하며 편언척자 없는 법을 어디 가서 본을 볼고."라고 노래하였다. 완전히 새롭기 때문에 천도교에서는 개벽開闢이라는 말을 사용한다. 개벽이란 하늘과 땅이 처음으로 열리는 것을 뜻한다. 처음으로 열리는 완전히 새로운 도라는 뜻이다. 새로움의 내용은 무엇인가?

내 마음이 곧 네 마음이다

첫째로 "내 마음이 곧 네 마음이다(吾心卽汝心)."라는 메시지다. 즉 '사람이 곧 하늘'이라는 것이다. 이 메시지는 너무나 강력하여 많은 사람들로 하여금 의심하게 하며 심지어 천도교를 하는 분들 중에서도 이 말의 뜻을 그대로 받아들이려 하지 않는 분이 있다. '사람이 어떻게 하늘이 될 수 있는가.'라고 하면서, 사람은 하늘에 무한히 가까워질 따름이라고 주장한다. 어떤 서양 종교를 하시는 분은 이런 말을 하는 사람은 '하나님'께 용서받을 수 없는 대역 죄인이기 때문에 곧 죽을 것이라고 하였다. 어떻게 불완전하고, 유한하고, 초라한 사람이 완전하고, 영원하고, 성스러운 '하나님'과 똑같을 수 있느냐는 것이다.

사람이 어떻게 하늘이 될 수 있는가? 생각할 수도 없으며 말할 수도 없는 일이라고 할 수 있다. 그렇기 때문에 '그렇지 않다(不然)'라고 할 수 있다. 사람이 하늘이 된다는 것은 불가능하다는 뜻이다. 그렇지만 수운은 하늘 마음이 사람 마음이라는 가르침을 받았다. 한울님이 따로 계신 것이 아니라 사람의 마음이라는 것이다. 하늘과 사람을 갈라 놓았던 일체의 에너지 장막이 사라져 사람은 하늘과 하나가 된 것이다. 마음으로 하늘이 된 것이다.

아 무 리 큰 비 가 내 려 도 신 발 이 조 금 도 젖 지 아 니 함

마음으로 사람이 하늘이 되었음을 수운은 상징적인 일화를 통하여 보여 주었다. 수운은 억수처럼 쏟아지는 빗속을 우산도 받치지 않고 아버님 묘소에 다녀왔으나 옷이 조금도 젖지 않았다고 한다. 이 일화는 깨달은 성인은 세속에 물들지 않는다는 사실을 상징하는 일화이다. 해월도 땅을 한울님처럼 공경하면 '아무리 큰비가 내려도 신발이 조금도 젖지 아니할 것'이라 하였다. 하늘은 천진무구天眞無垢하여 어떤 더러움도 없기 때문에 신발을 더럽히지 않는다는 것이다. 의암은 "갓난 어린이는 옥을 안아도 욕심이 없고, 성인의 도는 티끌 세상에서도 티끌에 물들지 않느니라."고 하여 물들지 않는 마음을 말하였다. 하늘을 물들일 수 있는 것은 아무것도 없다.

검은 구름도 황금빛 노을도 하늘 자체를 물들이지는 못한다. 이러한 하늘 마음은 거울에 비유되곤 한다. 거울은 사물이 앞에 오면 그대로 보여 주지만 거울 자체는 어떤 경우에도 물들지 않는다. 물들지 않는 거울은 그 앞에 오는 것을 비춰 주지 아니하는 것이 없다. 비록 거울은 자신 앞의 사물을 있는 그대로 비추어 주지만 거울 자체는 어떤 경우에도 티끌에 물들지 않고, 흔들리지 않고, 흐르지 않는다.

흔들리는 마음으로는 이 고요한 마음을 어떤 경우에도 생각하거나 이해할 수 없다. 움직이는 내 마음이 완전히 사라지고 오직 고요해져서 내 마음이 없어졌다거나(無), 비었다거나(虛), 뻥 뚫렸다거나(空) 할 때 비로소 이 경지에 이르렀음을 알게 된다. 이때 마음은 평화로워지고, 편안해지며, 적정寂靜에 이른다. 흔들리는 마음이 어떻게 흔들리지 않는 이 경계를 짐작이나 할 수 있겠는가? 흔들리는 마음으로는 어떤 경우에도 흔들리지 않는 경계를 이해할 수 없다. 흔들리지 않는 경계는 그렇지 않고 그렇지 않은(不然) 초월의 세계이며, 신비의 세계일 따름이다. 이러한 하늘 마음의 경계를 일러주는 선사禪師의 일화가 있다.

제자는 온 몸과 마음으로 수도를 하고 있었다. 그런데 어느 날 스승은 이런 제자에게 "벽돌을 닦는다고 거울이 되느냐."라고 말했다. 이 말을 들은 제자는 홀연히 깨치게 되었다고 한다.

마음이 어느 날 문득 시간이 시작되기 이전부터 있었으며 시간이 끝난 이후에도 영원히 있는 고요의 경지에 이르면 이 세상 모든 것이 그렇고 그렇다는(其然) 사실을 홀연히 깨닫게 될 것이다. 그리하여 일체의 신비와 초월 그리고 불가능이 사라지고 오직 우주가 있는 그대로의 실상을 보게 된다. 이러한 경지를 의암은 성품을 보고 마음을 깨닫는다(見性覺心)고 표현하였다. 이때 사람은 비로소 보는 자신도 하늘이며, 보이는 대상의 본래 또한 하늘이며, 보는 것 자체도 또한 하늘임을 온전히 깨닫게 된다. 그리하여 하늘이 하늘을 볼 뿐이라는 깨달음에 이른다.

사람의 몸가짐, 마음가짐, 말가짐이 또한 하늘의 기운에 따라서 움직인다

둘째로 수운이 하늘로부터 받은 메시지는 "귀신이라는 것도 나니라."는 것이다. 모든 존재자들의 가장 깊은 내면에 하늘을 모시고 있다는 사실을 깨닫게 되면 그 하늘의 기운과 활동으로 말미암아 그들이 태어나서 살아가고 있음을 알게 된다. 수운의 표현에 의하면 '한번 움직이고 한번 고요하고 한번 성공하고 한번 실패하는 모든 일들을 천명에 부치게' 된다. 일상생활의 모든 국면이 하늘의 기운으로 이루어지고 있으며 하늘의 작용임을 알게 되기 때문이다. 사람의 몸가짐, 마음가짐, 말가짐이 또한 하늘의 기운에 따라서 움직인다.

그러므로 "사람의 수족 동정 이는 역시 귀신이요, 선악간 마음 용사 이는 역시 기운이요, 말하고 웃는 것은 이는 역시 조화로세."라고 노래하게 된다. 귀신이 따로 존재하는 것이 아니라 사람이 손발을 움직이는 것이 바로 귀신이며, 선과 악 사이를 방황하는 마음이 또한 우주 기운의 작용이며, 말하고 웃는 것이 하늘의 조화인 것이다. 손발을 쓰고, 마음을 쓰고, 말하는 모든 것들이 하늘의 기운 작용 이외에 다름 아닌 것이다.

하늘 기운에 통하지 아니하고 홀로 움직이는 것은 아무 것도 없다. 모든 것은 하나의 하늘 기운에 연결되어 있다는 것이다. 그러나 우리의 눈은 움직이는 손발을 보지만 그 가운데 하늘의 헤아리기 어려운 기운이 작용하고 있음을 보지 못한다. 보이지 않는 기운을 보게 될 때 비로소 사소한 몸가짐 하나, 말 하나, 생각 하나가 모두 하늘의 기운 작용임을 알게 된다. 이것이 수운이 하늘에서 받은 두 번째 가르침이다.

귀신, 기운, 조화라고 하는 것은 모두 한울님의 기운을 달리 부르는 이름이다. 그 작용하는 성격에 따라서 이름이 다르지만 실상은 하나의 기운이다. 천도교에서는 이 하나의 기운을 혼원일기渾元一氣, 지기至氣 등으로 부른다. 그렇지만 한 기운이 작용하는 특성에 따라서 셋으로 나누어 설명할 뿐이다. 그 모습을 그려내기도 어렵고 헤아리기도 어려운 기운의 작용을 귀신이라고 부르며, 기운은 굳세고 건실하여 쉬지 않고 우주 만물을 창조하고 변화시키는 능력을 강조할 때 붙인 이름이며, 조화란 창조하고 변화시키는 능력이 자연처럼 스스로 그렇게 하는 신묘한 능력이 있음을 강조할 때 사용하는 개념이다. 이름은 비록 다르지만 모두가 하늘의 한 기운이다. 하늘의 기운은 헤아리기도 어려우며, 쉬지 않고 창조하며, 억지로 행함이 없이 자연스러운 것이다.

하늘은 책을 읽는 그대의 눈동자에 있다

하늘의 기운으로부터 떨어져 있는 것은 아무 것도 없다. 해월은 "사람은 하늘을 떠날 수 없고 하늘은 사람을 떠날 수 없나니, 그러므로 사람의 한 호흡, 한 동정, 한 의식도 이는 서로 화하는 기틀이니라."고 하였다. 하늘은 내 호흡에 있으며, 글을 쓰는 내 손가락에 있으며, 책을 읽는 그대 눈동자에 있다. 언제나 함께 하심을 느낄 때 하늘은 너무 가까워 거리를 잴 수 없게 되고,

함께 있음을 느끼지 못할 때 하늘은 밤하늘의 빛나는 별보다도 더 멀리서 가물거리게 된다.

나와 하늘의 거리가 0이 되면 하늘도 사라지고 땅도 사라지고 나 또한 사라지게 된다. 모두가 사라진 그 자리에 이를 때 마음은 무한 평화, 무극한 고요에 들게 된다.

생명은 환경에 적응함으로써만 존재한다고 주장하는 사람도 있지만, 실상 생명은 환경에 적응하는 것이 아니라 하늘 기운과 화합하여 소통하는 데 있다. 하늘이 감응하고 화합하면 살아 있는 생명이며 그렇지 못하면 죽음이다. 하늘은 맥박으로 나에게 이미 와 있으며, 들고 나는 숨결에 이미 와 계신다. 생명의 고동을 느끼기 위해서는 특별한 지식이 필요없으며 특출난 장비도 필요가 없다. 오직 들고 나는 숨을 느낄 수 있는 주의력과 보이지 않는 하늘을 공경하는 마음만 있으면 된다.

이렇게 지금 여기에서 살아가는 내 마음과 삶에서 떼어 놓을 수 없는 하늘을 공경하는 마음이 솟아날 때 우리는 '님(主)' 자를 붙여서 하늘을 부모처럼 인격화하게 된다. 이때부터 하늘은 더 이상 우주 창조의 근본 원리나 근원적 원소에 그치는 것이 아니라 인격적 존재로 느껴진다. 그리하여 동학·천도교에서는 오직 하나의 궁극적 존재를 '한울님'이라 부른다.

하늘이 없으면 밥이 없다

'무시선무처선無時禪無處禪'이라는 표현이 선불교에 있다. 시간을 따로 내
어 한울님을 생각하는 것이 아니라 일체의 생각의 이면에서 한울님은 살아
계시며, 특정한 장소에서만 한울님을 모시는 것이 아니라 하는 일마다 한울
님의 기운이 간섭하고 계신다. 한울님은 거처하는 특별한 시간도 없으며 특
별한 장소도 없다. 한울님은 시공간에 꽉 차 있어 비어 있는 적이 없다. 그러
므로 의암은 "하늘이 없으면 생함이 없고, 생함이 없으면 먹는 바 없고, 먹는
바 없으면 일이 없고, 일이 없으면 도가 없을지니라."고 하였다. 하늘은 자연
사물, 노동, 음식의 한가운데에 내려와서 계신 것이다. 밥은 한울님의 젖이
므로 하늘이 없으면 밥이 없다. 밥은 하늘과 사람이 협동하여 한시도 쉬지 않
고 일해서 만들기 때문에 밥과 일은 떨어질 수 없다. 일은 하늘 일을 사람이
하는 것이니 도가 없으면 일도 없다.

이처럼 한울님은 우리들이 매일 하는 일과 매일 먹는 음식에 들어 있으니 수운은 "일일시시 먹는 음식 성경 이자 지켜내어 한울님을 공경하면 자아시 있던 신병 물약자효 아닐런가."라고 노래하였다. 식생활과 같은 일상생활에서 한울님을 공경하고 한울님께 정성을 드리면 온갖 가지 질병과 집안의 우환 등이 모두 사라져 하루하루가 즐겁게 될 것이라는 것이다.

하늘을 찾아 다른 곳으로 떠나는 것은 어리석은 일이다. 눈을 들면 하늘이 보이듯이 마음을 안으로 돌리면 한울님은 언제 어디서나 가장 깊은 내면에 계신다. 그저 마음을 기울여 그분의 숨결과 손길을 느끼면 되는 것이다. 물론 하늘의 숨결과 하늘의 손길을 느끼기 위해서는 마음이 매우 예민해져야 한다. 그리하여 아무리 미세한 진동이라도 모두 다 잡아낼 수 있을 정도가 되어야 한다. 그 미세함의 정도가 궁극의 경지에 이르게 되면 우주 안의 모든 진동을 온전히 느낄 수 있게 된다. 그리하여 마음의 귀는 우주의 모든 파동을 잡아낼 수 있으며 마음의 눈은 우주의 파노라마를 모두 볼 수 있게 된다.

한울님을 만나기 위하여
히말라야 산 속으로 들어갈 필요도 없으며

한울님을 만나기 위하여 히말라야 산 속으로 들어갈 필요도 없으며 예루살렘 성지순례의 길을 떠날 필요가 없다. 마음의 굴레를 벗어던진 사람에게는 그 발이 닿는 곳마다 성지이기 때문이다. 본래의 마음을 찾은 사람은 밖의 성쇠고락盛衰苦樂에 흔들리지 않으며 변화무쌍한 세상에 마음을 빼앗기지 않는다. "내 속에 어떤 내가 있어 굴신동정하는 것을 가르치고 시키는가."를 아는 사람은 본 마음을 잃지 않고 세상에서 조화롭게 살아가게 된다. 그 사람은 모든 사람들을 한울님으로 섬기면서 살아가며 심지어 자연 사물의 내면에서 고동치는 한울님의 기운과 완전히 소통하면서 살아간다. 이러한 경지를 심화기화心和氣和라 일컫는다.

너와 내 마음을 하나로 잇는 한 마음에 이르렀기 때문에 다른 사람과 화합하며, 나와 자연을 하나로 잇는 한 기운에 통하였기 때문에 다른 사물들과 화합할 수 있다. 위대하고 고상하고 거룩한 하늘의 도가 사람을 대하고 사물을 접하는 한가운데 있어 겉모습에 매이지 않고 본래의 한울님을 대하고 접하기 때문에 서로 화합할 수 있는 것이다.

　인화人和도 도가 아니면 할 수 없으며, 도덕을 따르는 사람은 복잡한 세상일에 얽매이지 않는다.

　세상 사람들은 수많은 문제들에 대한 다양한 정답을 찾으려고 하지만 궁극적 정답은 오직 하나뿐이다. 유일무이한 하나의 궁극적 존재를 자기 안에서 찾은 사람은 밀려오는 파도처럼 끊이지 않고 일어났다가 사라지는 생각들이 어디로부터 와서 어디로 가는지를 알며, 또한 어디에서 태어나서 희로애락의 풍상을 겪으면서 살다가 어느 곳으로 돌아가는지도 알며, 살면서 부딪치며 나에게 웃음과 울음을 주는 수많은 사람들이 모두 누구의 얼굴인지도 안다. 세상에는 말이 많지만 정답을 아는 사람은 말하지 않으며 모르는 사람들은 그곳에 이름을 붙여 자신만이 정답을 아노라고 말한다. 말이 많은 사람들은 세상을 시끄럽게 하여 혼란을 불러일으키지만 아는 사람은 고요하여 홀로 세상의 평화를 지킨다.

　복잡 미묘한 생활의 모든 일들이 모두 한울님과 연결되어 있다는 진리를 알게 됨으로써 인류의 문명은 시작되었다. 이 진리를 아는 성인이 태어나 우주의 수많은 일은 모두 하늘의 법칙(天命)에 따라 운행된다는 사실을 알아 하늘의 길을 밝히게 되었고, 자연 운행의 길을 문자로 밝혔으며, 사람이 가야 할 길을 밝혀 도덕이라는 것이 생겨나게 되었다. 그리하여 사람은 제멋대로 생각하고, 말하고, 행동하지 않고 하늘과 자연의 길에 따르게 되었으니 이로부터 문명이 시작되었다.

천황씨가 최초의 사람이 되고, 최초의 스승이 되고, 최초의 왕이 된 것도 하늘의 법칙을 알아서 그리 된 것이며 요순堯舜이 정치와 사회 제도를 정립한 것도 또한 이 이치에 따라서 세운 것이다. 이 때에 이르러 비로소 일상사 모두를 한울님과 연계시켜 사람이 가야 할 길을 가는 도덕 문명이 펼쳐지게 되었다. 그리하여 사람들은 일상생활 전반에 걸쳐서 하늘의 뜻을 공경하고 하늘의 이치를 따르는 것이(敬天命順天理) 어떤 것인지를 알게 되었다.

하늘 아래에 살면서 하늘의 이치를 따르지 않는 것은 지구에 살면서 중력에 순종하지 않는 것과도 같다. 중력을 염두에 두지 않고 높은 산에서 뛰어내리면 생명을 보존할 수 없다. 중력의 법칙을 잘 알 때만 중력권에서 벗어나는 길도 찾아낼 수 있다. 하늘의 이치를 잘 알 때만 우주의 어떤 것에라도 매이거나 걸리지 않는 삶을 살 수 있다.

하늘의 이치를 따르지 않고 죄를 짓게 되면 어느 곳에 가서 죄를 빌 것인

가. 하늘이 만들어 놓은 세상에서 하늘의 기운을 먹으면서 살아가는 사람들이 하늘을 공경하지 않는 것은 부모님의 정기를 타고 태어나 부모님의 보살핌과 부양으로 살아가면서 효도를 모르는 것과도 같다. 그러나 부모를 공경하지 않고 살아갈 수 있을지 모르지만 하늘을 떠나서 어디로 가서 무엇을 먹고 살 수 있겠는가. 그러므로 오직 하늘을 공경하는 길이야말로 인간됨의 길이라 하겠다.

송명 대의 유학자들이 한결같이 말하는 거경궁리居敬窮理도 또한 경천순천의 다른 표현이다. 공경은 인격적 하늘에 대한 종교적 태도요, 궁리는 우주 법칙으로서의 하늘에 대한 철학적 태도라 하겠다.

하늘은 사람이 바라는 대로 해 주신다

사람이 보이지 않는 하늘을 공경하고 알 수 없는 하늘의 법을 따른다는 것은 어렵고도 어려운 일이다. 해월은 보이는 부모님에게 효도하기도 어려운데 보이지도 않는 부모님께 효도하는 일이 쉽겠느냐고 하면서 이를 아는 사람이 적다고 하였다. 눈 밝고 귀 밝은 사람이 있어 이 보이지 않는 하늘을 보고 알 수 없는 하늘의 법을 알아 가르쳤으니 얼마나 고마운 일인가? 비록 스승들이 밝은 법을 밝게 가르쳤으나 내 마음이 어둡고 우둔하면 알 수 없다. 그러므로 내 마음을 밝게 하고 내 마음을 여는 공부 이외에 다른 공부가 있지 아니하다.

마음이 고요해지면 삼라만상이 모두 내 마음 안에 바르게 들어와 바르게 알게 된다. 마치 바람이 그쳐 고요해지면 하늘을 나는 새도, 파란 하늘도, 내 얼굴도 있는 그대로 비치듯이 마음이 고요한 사람은 있는 그대로의 실상을 올바로 보고 올바로 듣는다. 그러나 마음이 요란하게 되면 어떤 것도 올바르게 들어오지 아니하고 왜곡된다.

하늘을 공경하지 않고 하늘을 따르지 않게 되면서 수많은 문제가 생겨나게 되었다. 세상에 이른바 악이라고 하는 현상이 생겨나는 것은 사람이 하늘을 공경할 줄 모르고 하늘의 이치를 따르지 않기 때문이다. 하늘과 자연 그리고 동물의 세계에는 악의 문제가 없다. 악은 선택할 수 있는 자유 의지를 가진 사람이 사는 세계에 있는 문제이다.

인간 세상에는 하늘을 공경하고 하늘의 법을 따르는 사람이 있는가 하면, 그렇지 않은 사람들도 있다. 전자를 선이라 하며 후자를 악이라 한다. 선악이 혼동될 때 성인이 나와 사람에게 올바른 선의 길을 가르쳐 주었다. 그리하여 지극한 선에 이르러 끝난다고(至於至善) 하는 『대학大學』의 가르침도 나왔으며 맹자도 또한 사람의 본성은 본래 선하다고 가르쳤다. 이는 모두 사람이 지향할 바로서 목적성을 가지고 하늘을 바라보았기 때문이다. 그리하여 한울님은 최고의 선신善神으로 그려진다. 선을 향한 도덕 실천의 열망이 담긴 표현이라 하겠다.

사람에게는 선악이 없을 수 없지만 하늘은 그렇지 아니하여 선악을 초월한다. 하늘은 사람이 요청한 그대로 감응하시기 때문에 사람은 말, 마음가짐, 몸가짐에서 악으로 흐르지 말고 선으로 나아가기를 그쳐서는 안 된다.

악한 마음을 쓰게 되면 하늘은 거울과 같아 악의 길을 열어 준다. 반면 선한 마음을 쓰는 사람에게는 선한 길을 열어 준다.

그러므로 사람은 오로지 오직 선한 마음을 가지도록 매사에 조심해야 하는 것이다. 구부러진 마음을 갖지 말고 올바른 마음을 가져야 하고, 어두운 마음 대신 밝은 마음을 가져야 하고, 불의한 마음 대신 정의로운 마음을 가져야 한다. 그렇지 않게 되면 마음이 나쁜 기운으로 세상을 온통 오염시키니 나날이 그릇된 방향으로 나아가고, 더욱 어두워지고, 악의 무리로 가득차게 되고, 불의가 횡행하여 썩은 냄새가 진동하게 된다.

환경 오염이 무서운 것이 아니라 마음 오염이 무서운 것이며, 환경 보호가 중요한 것이 아니라 마음 지키는 것이 중요한 것이다. 사람이 마음을 어떻게 쓰느냐에 따라서 세상은 착해질 수도 있고 악해질 수도 있다.

서구의 문학 작품이나 연극 등에서 우주 만물을 창조한 전지전능한 하나님이 어찌하여 사악함까지 만들어 냈느냐고 원망하는 장면을 보곤 한다. 그러나 사악함은 하나님 탓이 아니라 인간의 탓인 줄 몰라서 하는 이야기이다. 사악함은 인간이 악한 마음을 사용했기 때문에 거울과도 같은 한울님이 그 악의 모습을 그대로 보여 준 것에 불과하다. 그러므로 악이 따로 존재하는 것이 아니며 더욱이 한울님이 만들어 낸 것도 아니다. 악이라고 생각하는 방향으로 사람이 마음을 사용했기 때문에 그러한 상황이 그 사람에게, 그 사회에, 그 국가에, 그 공동체에 도래하게 된 것이다.

어떻게 히틀러 같은 악인이 태어났는지를 묻지만 이를 곰곰이 생각하면 한울님이 탄생시킨 것이 아니라 인간의 악한 마음과 독일 사회의 요청에 대한 응답으로 보아야 할 것이다. 그러므로 중요한 것은 마음의 선택이다.

노자는 천지불인天地不仁이라 하여 절대계의 문제를 윤리적 문제와 혼동하는 것을 비판하였다. 노자는 하늘의 길은 인자하지 않으므로 사람도 이 자연의 길을 따라야 한다고(道法自然) 하였지만 동학에서는 한울님은 선악을 가리지 않으므로(不擇善惡) 사람은 언제나 올바르고, 밝고, 착하고, 의로운(正明善義) 길을 걸어야 한다고 가르친다. 노자처럼 사람은 자연에서 길을 찾아 그대로 따르는 것으로 법을 삼을 수 없으며 사람은 언제나 자신의 마음을 올바르고, 밝고, 착하고, 의롭게 써야 한다.

마음을 위태롭게 쓰는 사람은 세상을 외줄을 타는 광대처럼 아슬아슬하게 살아갈 것이다. 마음을 인색하게 쓰는 사람은 어느 누구의 보살핌도 없이 외롭고 쓸쓸한 삶을 살아갈 것이다. 마음을 궁색하게 쓰는 사람은 헐벗고 가난한 삶을 살게 될 것이다. 남을 모함하고 시기하고 질투하고 음해하는 마음을 쓰게 되면 언제 어디에서 무엇을 하든지 죽음의 그림자가 늘 함께 할 것이다. 바늘 하나도 용납할 수 없을 정도로 좁은 마음을 가진 사람은 천길 낭떠러지 위에 서 있는 외로운 처지가 될 것이다.

이슬, 비, 서리, 눈을 내려 모든 생명들을 키우듯이

마음은 기운이고, 기운은 우주 기운과 연결되어 있고, 우주 기운은 기후 변화와 우주 현상과 연계되어 있기 때문에 사람의 마음가짐에 따라서 지구 상의 날씨도 또한 영향을 받는다.

그러므로 옛날 동양에서는 가뭄과 홍수와 같은 천재지변을 통치자의 부덕과 연계시켰다. 사람의 마음 기운에 따라서 자연도 이처럼 정확하게 반응하므로 마음을 자연처럼 후덕하게 쓰라고 한다. 하늘이 사계절에 따라서 이슬, 비, 서리, 눈을 내려 모든 생명들을 키우듯이 사람 또한 다른 사람들에게 도움이 되는 생각을 하고, 말을 하고, 행동을 하라고 한다. 돕는다는 생각마저도 잊어버리고 아무런 생각없이 그저 도우라는 것이다.

아무 것도 모르는 갓난아기지만 어머니가 모든 것을 알아서 해 주듯이 마음을 갓난아기처럼 쓰게 되면 하늘의 도움이 자연스럽게 내린다. 마음이 갓난아기처럼 티끌 한 점 없이 순수해지면 초봄에 피어나는 새순보다도 더 보드랍고, 감미로운 봄바람보다도 더 싱그러운 영원의 님을 만나게 된다. 그 님과 만나게 되면 나는 내 몸이 생기기 이전에도 있었으며 내 몸이 없어진 이

후에도 있는 '영생의 나'가 된다. 이때 모든 그리움이 사라지게 된다. 모든 그리움은 이 '영원의 나'와 이별하면서부터 생긴 것이기 때문이다. 이때에는 죽음도 사라진다. 왜냐하면 '영생의 나, 영원의 나'는 삶과 죽음의 경계선을 넘어서 있기 때문이다.

제 3 장   아버지 없는 최초의 사람

밝고 밝은 그 운수는 사람마다 밝고

같고 같은 배움의 맛은 생각마다 같더라

明明其運各各明 同同學味念念同

* * *   수운

마음의 중심을 잡는다

하늘의 순환 이치와 땅의 변화 이치를 알아 문명을 크게 연 사람이 천황씨天皇氏이다. 천황씨는 어떻게 문명을 열었는가?

천황씨는 먼저 사람됨의 근본 이치를 깨달아 최초의 사람이 되었으며, 다음으로 사람들의 생각·말·행동이 따라야 하는 법을 알아 내어 도덕을 가르쳤으며, 마지막으로 나라를 세워 사람들이 더불어 함께 살아가는 공동체를 세웠다고 전해진다. 이렇게 천황씨가 문명의 시조가 된 것은 '본래의 나'를 깨달은 최초의 사람이기 때문이다. 천황씨가 문명을 열었고 요·순·우堯舜禹라는 걸출한 임금이 이 도에 따라서 문물 제도를 확립하였다. 천도교에서는 하늘의 도를 깨달아 문명을 형성한 것을 '도성덕립道成德立'이라 한다. 하늘의 도를 이루고 하늘의 덕을 실현한 것이다.

요·순·우가 서로 전해 준 것은 마음의 중심을 잡는다는 '윤집궐중允執厥中' 네 글자이며, 이를 기초로 화하華夏족은 주변의 강력한 민족들을 동화시켜 오늘날의 거대한 중화권을 이루었다. 그 힘의 원천은 중심의 '본래의 나'에 대한 깨달음이라 하겠다. 중화권이라는 자기 정체성을 정립하는 데는 천황씨라고 하는 문명의 원형이 중심 역할을 하였다고 하겠다. 만약 그렇지 않았더라면 중화 문명은 자기 정체성을 잃어버리고 이민족의 말발굽 아래에서 흔적도 없이 사라졌을 것이다. 그러나 중화 문명은 무력을 앞세운 이민족을 정신적으로 동화시켜 면면히 자기 정체성을 유지하고 있다.

공자는 자신의 학문을 '위기지학爲己之學'이라 하여 인간 행동의 표준이 밖에 있는 것이 아니라 자신 안에 있다고 하였다. 자신이 하늘임을 깨달은 천황씨의 도와, 집중執中을 말하는 요·순·우의 심법이 공자의 인仁으로 이어진다고 보기 때문에 중화 문명은 동이東夷 출신의 공자를 중심에 세웠다.

공자는 제자인 증자를 불러 놓고 "나의 도道는 한 줄기로 관철되어 있다(一以貫之)."고 말하였고 이에 대하여 증자는 "알았다."고 화답했다. 공자가 나가자 다른 제자들이 무슨 뜻이냐고 물었다. 증자는 "선생님의 도는 충서忠恕일 따름이다."라고 하였다고 한다.

여기에서 우리는 일반적으로 충을 국가에 대한 충성으로 생각하지만 본래의 뜻은 마음의 중심에 정성을 다한다는 뜻이라 하겠다. 마음의 중심에 하늘의 뜻(天命)이 내려와 있으며, 이에 따라서 살아가라는 의미인 것이다. 이를 '집중'이라고 하며 이러한 마음이 밖으로 향하게 되면 곧 내 마음과 다른 사람의 마음이 같아져(恕) 이해하고 용서할 수 있게 된다고 하겠다. 그러므로 공자는 어진 마음 하나로 관통했다는 것은 안으로는 자신 안의 본심에 통하고 밖으로는 다른 사람들의 마음과 같아졌다는 의미로 볼 수 있다. 이렇게 문명의 시작은 자신이 하늘임을 깨달은 천황씨에서 시작되어 이후 모든 학문의 근본에 깔리게 되었던 것이다.

그러나 이는 선천 문명의 도덕이며 후천 문명의 도덕은 수운에 의하여 새롭게 열렸다.

내 가 알 에 서 깨 어 나 는 것 이 다

동학·천도는 천황씨의 운을 회복하였다고 한다. 이 운은 1860년 사월 초오일에 대강령을 통하여 수운이 하늘로부터 받은 것이다.

강령이란 하늘이 지금 내게 내려오는 것이며 내가 알에서 깨어나는 것이다. 즉, 하늘이 새로 열리는 것이며 내 안에서 잠자던 우주 기운이 깨어나는 것이다. 강령은 닫혔던 하늘의 문을 여는 것이며 끊어졌던 하늘의 기운에 다시 접속하는 것이다.

그렇게 하여 동학·천도는 후천 문명의 시초를 열었다. 천황씨가 인류 문명의 첫날을 열었듯이 수운은 지금까지의 문명과는 완전히 다른 후천 문명의 첫날을 연 것이다. 천도의 운에 합류하면 사람마다 옛 하늘의 껍질을 깨고 새 하늘을 열고, 막혔던 우주의 기운과 새롭게 소통하여 새로운 사람으로 거듭나는 것이다.

해월은 "대신사께서 천황씨로 자처하심은 대신사 역시 신이신 사람이시니 후천 오만년에 이 이치를 전케 함이니라."고 하여 사람이 곧 신이요 하늘인 새로운 시대를 열었음을 강조하였다.

동학·천도는 앞으로 오만년에 걸쳐 전개될 '사람이 하늘'인 새로운 문명의 첫날을 연 것이다. 그러므로 모든 것이 새롭다. 해월은 "운인즉 천황씨가 새로 시작되는 운이요, 도인즉 천지가 개벽하여 일월이 처음으로 밝는 도요, 일인즉 지금도 듣지 못하고 예전에도 듣지 못했던(今不聞 古不聞) 일이요, 법인즉 지금도 비할 바 없으며 예전에도 비할 바 없는(今不比 古不比) 법이니라."고 하여 완전히 새로운 문명의 탄생을 말하였다.

물고기가 아무리 눈이 밝아도

　물고기가 아무리 눈이 밝아도 물 밖의 사물을 보지 못하고, 사람이 아무리 총명해도 사람의 생각을 벗어나지 못한다. 동학·천도가 새로운 운이요, 새로운 도요, 새로운 일이요, 새로운 법이라고 하는 것은 물고기가 물 밖을 보는 일이요, 사람이 사람의 테두리를 벗어나 신이 되는 일이다. 인류가 지금까지 행해 왔던 일체의 사유 방식, 생활양식, 생산 양식, 사회 제도, 정치 체제의 입장에서 보면 완전히 새로운 것이다. 그렇기 때문에 사람들이 미처 알지 못했던 일이며, 사람들이 미처 생각하지 못했던 도며, 사람들이 미처 꿈꾸지 못했던 법이라 하겠다.

　그러므로 이 운을 알아 대비하는 사람을 찾기 어려우며, 이 도를 아는 사람이 적으며, 이 법을 이해하는 사람이 드물며, 이 일을 행하는 사람이 거의 없다고 하겠다. 어렵기로 말하면 이보다 어려운 일이 없다고 할 수 있다. 그러나 마음이 하늘 마음이 되고 보면 이보다 쉬운 일도 없다. 그러므로 의암은 먼저 마음을 하늘을 향하여 활짝 열라고 말한다.

두 발로 길을 갈 수 있는 것은

의암은 "후천개벽의 시기에 처한 우리는 먼저 각자의 성령과 육신부터 개벽해야 하느니라. 만일 자기의 성령 육신을 자기가 개벽하지 못하면 포덕 광제의 목적을 어떻게 달성하겠느냐."라고 하여 먼저 각자가 하늘에 열린 새로운 사람이 되기를 주문한다. 그리하여 사람이 보고, 먹고, 길을 가는 것이 아니라 "하늘이 있음으로써 물건을 보고, 하늘이 있음으로써 음식을 먹고, 하늘이 있음으로써 길을 간다는 이치를 투철하게 알라."고 하였다.

사람이 밥을 먹고, 말을 하고, 물건을 보고, 두 발로 길을 갈 수 있는 것은 오직 자신 안에 본래의 하늘이 내려와 있으며 하늘 기운이 작용하고 있기 때문이다. 이 사실을 투철히 알 때 비로소 사람은 자기 안에 님을 모시고 있으며 자기 안에 하늘의 기운을 운용하고 있음을 안다고 하겠다. 이러한 사람만이 후천개벽의 시기가 도래할 때 자신의 생명을 보존할 뿐만 아니라 새로운 문명의 새벽을 열 수 있다는 것이다.

사람의 생각으로는 헤아릴 수도 없는 완전히 새로운 도를 설명하기 위하여 수운은 「불연기연不然其然」이라는 짤막한 글을 지었다. 이 글에서 수운은 동학·천도가 무엇인지를 설명하고 있다. 그렇기 때문에 이 글을 주의깊게 읽을 필요가 있다.

　유전자 지도를 파악하게 되면 이미 멸종한 공룡도 복원해 낼 수 있듯이 불연기연을 정확하게 파악하게 되면 동학·천도를 온전히 자기 안에서 복원할 수 있다. 자기 안의 한울님을 깨닫게 되면 하늘의 도를 온전히 알아 그 뜻을 지금 여기에서 실현할 수 있는 것과 마찬가지이다. 천도교의 본지는 이처럼 동학·천도의 근본을 올바로 알아서 올바로 실천하는 데 있다. 그 근본을 알지 못하면 천하를 집으로 삼고, 산을 베게로 삼고, 구름을 이불로 삼는 사람일지라도 가을 서리에 떨어지는 누런 이파리에 불과하다고 하였다. 의암은 또 이 근본을 알지 못하고 아무리 경전을 읽고 외우더라도, 신상을 향하여 수없이 절을 하더라도 아무런 소용이 없다고 하였다.

아 버 지 없 는 최 초 의 사 람

　기연其然이란 우리들이 일상적으로 살아가는 세상으로서 누구나 그렇고 그렇게 아는 세상이다. 우리는 모두 부모님의 자식으로 태어났으며 결혼하면 또 자식을 낳아 부모로서 살아간다. 그렇게 세상은 이어져 왔다. 따라서 누구나 쉽게 아는 세상이 기연이므로 사람들은 기연에 의지하여 살아간다. 이는 몸을 중심으로 보는 진화론이다.

그러나 아버지의 아버지, 그리고 그 아버지의 아버지 식으로 무한히 소급해 올라가게 되면 최초의 인간은 어떻게 태어났을까 하는, 쉽게 알 수 없는 물음에 이르게 된다. 즉 최초의 아버지는 어떻게 아버지가 되었는가 하는 질문이 남게 되는 것이다. 원숭이가 어느 날 유전자의 돌연변이를 일으켜서 최초의 인간이 되었는가? 아니면 어떤 절대자가 있어서 무無에서 어느 날 갑자기 자신을 닮은 최초의 인간을 창조했는가? 창조론을 주장하는 신학자들과 진화론을 주장하는 과학자들은 아직까지 이 문제를 가지고 서로의 주장만 목청껏 부르짖는다.

수운은 아버지가 없는 최초의 인간으로서 문명을 연 천황씨의 예를 들어 "이 사람은 어떻게 아버지가 없이 최초의 사람이 될 수 있었는가."라고 질문하면서 이 문제는 그렇게 쉽게 알 수 있는 일이 아니라고 한다. 수운은 '최초의 사람'인 천황씨는 다름 아닌 자신이 곧 한울님임을 깨달아 스스로 아버지가 된 사람이라고 하였다. 물론 이는 육신의 차원에서 말하는 것이 아니라 정신의 차원에서 말하는 것이다. 육신을 낳아 준 아버지가 없을 리 없지만 천황씨가 최초의 사람이 된 것은 사람됨의 근거를 자신의 영성에서 찾음으로써 최초의 참 인간이 되었다는 뜻이다.

창조론적 발상이지만 서구 신학이 주장하는 창조론과는 다르다. 왜냐하면 외부의 절대자가 창조하는 것이 아니라 내 안의 한울님을 내가 깨달아 최초의 사람이 되었기 때문이다. 내 안의 한울님을 알게 되면서 예전과는 전혀 다른 새로운 존재가 태어났기 때문에 창조라 표현할 수 있다.

천황씨가 연 문명은 선천이라 하고 수운 자신은 후천의 문명을 열었다고 한다. 그러므로 '다시 개벽', '후천개벽'이 동학·천도의 운이라고 한다. '다시 개벽' 또는 '후천개벽'이란 자신이 곧 신의 아들이라는 사실의 자각에서 시작된다. 내 마음에서 하늘이 열리고 또한 조화에 통하여 예전과는 전혀 다른 새로운 하늘 사람이 탄생하는 것을 개벽이라 하는 것이다. 이런 인격은 예전에도 없었고 지금에도 없는 유일무이한 존재이기 때문에 아버지가 없는 최초의 사람이 된 것이다.

완전히 새로운 인격체의 탄생이다. 이 사람의 아버지는 없으며 만약 있다고 한다면 신이 곧 아버지라 하겠다. 그렇지만 신은 저 멀리 천상에 존재하는 것이 아니라 '본래의 나'이다. 이처럼 자신이 신의 아들딸임을 깨달아 신에게 효도하는 것이 동학의 후천 운수이다. 신은 곧 '본래의 나'이므로 자기 마음을 공경하고, 마음으로 정성드리고, 믿어 의심치 않는 도라 하겠다.

하늘이 하늘을 낳고 기를 뿐이다

천지부모를 깨달은 사람은 마음만 바뀌는 것이 아니라 몸도 바뀐다. 몸과 마음은 둘이 아니기 때문이다. 그러므로 해월은 부모에는 천지가 있고, 천지에는 부모가 있다고 하여 몸과 마음을 하나로 통합하였다. 몸도 알고 보면 하늘이 낳아 준 것이다. 부모가 전해 준 유전자에는 우주 역사가 온전히 보존되고 있으며, 태어난 이후에도 우주 기운과 한시도 쉬지 않고 소통해야 생명을 유지할 수 있기 때문에 알고 보면 몸도 천지부모가 준 것이다. 육신의 부모는 천지부모의 유전자를 맡아 우리에게 전해 준 분이다. 실상은 하늘이 하늘을 낳고 기르는 것이다. 물론 여기에는 역설이 있다.

여러분이 부모님 앞에 가서 내가 나된 것의 근원이 나에게 있으며 부모님께 있지 않다고 말씀드린다고 하자. 그러면 여러분은 불효막심한 자식이 될 것이다. 낳아 주고 길러 준 은덕도 모르는 후레자식이라는 소리를 들을지도 모른다. 재미있게도 역사의 장을 새롭게 연 창업자들의 경우에는 대부분의 경우 아버지가 매우 미미한 존재로 그려지고 있다. 예수는 자기의 아버지는 하나님이라고 주장한다. 단군도 자기 아버지는 하늘에서 내려왔다고 주장한다. 수운도 최초의 임금인 천황씨에 비유하여 자신을 후천의 천황씨라고 하였다.

이러한 이야기의 의미를 파악하지 못하면 황당한 이야기로밖에 들리지 않는다. 그렇지만 불연의 눈으로 본다면 '나'는 천황씨와 똑같은 부모를 자신 안에 간직한 사람이다. 그러므로 '나'도 신의 아들인 것이다. 내 몸의 부모님은 밖에 있지만 내 마음의 부모님은 내 안에 있다. '나'는 사람의 아들이면서 동시에 신의 아들이다. 이것이 후천 운수의 핵심이다. 내 안의 또 다른 '본래의 나'를 깨닫는 것이 후천개벽인 것이다.

수운의 「불연기연」은 이 점을 명확하게 하여 '사람이 하늘을 모시고 있음(侍天主)'을 주장한다. 수운은 자신의 도는 "내가 나 된 것 이외에 다름이 아니다.”라고 하였고, 해월은 우주의 이치 기운이 모두 나에게 갖추어져 있으므로 ‘제사상을 자신을 향하여 놓는(向我設位)’ 의식을 행하였다. 의암은 “내 마음에 내가 절하며(自心自拜) 내 하늘을 내가 깨달았다(自天自覺).”고 하였으며, 스스로 이를 깨달아 “황황상제皇皇上帝의 자리에 앉았다.”고 천명하였다. 이 모든 발언은 바로 ‘내 자신이 곧 하늘’이라는 뜻이다. 이를 깨달으면 후천 운수를 안 것이며, 동학·천도의 핵심을 안 것이라 하겠다.

소 도 팔 고 ,   땅 도 팔 고

내가 곧 한울님임을 깨닫게 되면 어떤 일이 일어날까? 그러면 ‘나’는 부모가 된다. 부모는 자식을 제 몸보다 더 아끼고 사랑한다. “열 손가락 가운데 깨물어 아프지 않은 손가락이 없다.”고 부모님은 말한다. 아무리 자식이 많아도 모두가 똑같이 사랑스럽다고 한다. 부모님의 마음은 평등하다. 잘난 자식보다는 못난 자식에게는 더 많이 주고 싶고 유난히 마음이 쓰인다. 똑같이 잘 자라주기를 바라기 때문이다. 자식 잘 되기를 바라는 부모님의 마음은 하늘처럼 높고 바다처럼 넓다. 부모님은 자식을 가르치기 위하여 소도 팔고, 땅도 팔고, 온갖 험한 일을 마다하지 않으신다.

부모님은 가장 위대한 존재이다. 마음으로 천지부모를 깨닫게 되면 조그만 나는 이렇게 위대한 부모님이 되는 것이다. 우주 만물을 부모의 마음으로 바라보게 되는 것이다.

내가 곧 한울님임을 깨닫게 되면 우주의 삼라만상이 모두 내 자식처럼 느껴지는 천지부모의 마음을 갖게 되어 우주 만물을 지극히 사랑하고 아끼게 된다. 뿐만 아니라 우주간의 모든 존재들을 위하여 모든 것을 아낌없이 줄 수 있게 된다. 누구에게나 아무리 주어도 아까운 것이 전혀 없다. 왜냐하면 모두가 내 자식들이기 때문이다. 이것이 천황씨가 된 하늘 사람의 마음이다. 실제로 이런 마음을 쓰는 사람을 본 사람은 참으로 행복한 사람이다. 왜냐하면 살아 있는 한울님을 보았기 때문이다. 이 마음을 가진 사람은 천지와 더불어 영원히 산다. 왜냐하면 이 마음은 내 몸만을 자기로 생각하지 않고 모든 인류, 나아가 뭇 생명들을 모두 자신으로 생각하기 때문이다. 이런 마음을 가진다는 것은 마음이 하나의 세포에 갇히지 않고 몸 전체의 세포들을 자기로 인식하는 것과 마찬가지다. 하늘 마음이 깨어나게 되면 나는 더 이상 조그만 몸에 매이지 않고 우주 만물을 모두 나로 생각하게 된다.

나를 교육시켜 준 분은 선생님이다. 만약 여러분이 선생님께 가서 나를 진짜 교육시켜 준 존재는 선생님이 아니라 내 안의 한울님이라고 말해 보라. 나아가 내가 나를 교육시켰을 뿐이라고 주장해 보라. 세상 사람들은 모두 당신을 미쳤다고 할 것이다. 그러나 불연기연 논리에 의하면 이는 사실이다. 동학·천도는 수운으로부터 시작되어 선생님들을 통하여 배우기 때문에 '용담연원龍潭淵源'이라는 말이 있다. 또 근본 진리는 곧 내 안에 있기 때문에 '자재연원自在淵源'이라는 말도 있다. 그러나 진리의 연원은 둘이 아니라 하나다. 즉, 내 안에 무궁한 용담의 물이 있는 것이다.

내 안의 한울님이 작은 나를 교육시키는 것이 참교육이다. 이를 처음으로 안 사람이 천황씨이며 수운이 그 도를 다시 받았다는 것이다. 그리하여 수운은 "여러분이 곧 한울님이다."라는 가르침을 폈다. 수운은 1860년 4월 5일 한울님을 만나서 직접 가르침을 받았는데 그 한울님이 본래의 자신이었다는 사실을 안 것이다.

그러므로 누가 밖에서 알려 줘서 안 것이 아니라 '본래의 나本來我'가 가르쳐준 것이다. 이를 '내유강화지교內有降話之敎'라고 하였다. 불연기연으로 보자면 그냥 안 것이지, 전지전능한 절대자가 나를 가르친 것도 아니다. 왜냐하면 절대자가 따로 있는 것이 아니라 내 안의 본래 면목이기 때문이다.

「불연기연」에는 갓난아기가 가르쳐 주지도 않았는데 어떻게 부모를 알아보느냐, 아무리 생각해도 "그렇지 않고 또 그렇지 않다."라는 이야기가 있다. 어떻게 갓 태어난 아기가 어머니를 알아보는가? 그것은 갓난아기와 어머니는 본래 하나였기 때문이다. 사람과 한울님의 관계도 본래 하나이기 때문에 사람은 한울님을 본래 아는 것이다.

'본래의 나'는 원래 한울님과 똑같이 모든 것을 다 아는 존재이다. 천황씨는 도를 바깥의 어떤 스승이나 절대자에게 배워서 안 것이 아니라 스스로 그냥 알았다는 것이다. 수운 또한 스스로 한울님임을 알아 동학·천도를 탄생시킨 것이다.

동학·천도는 모든 사람에게 "그대가 곧 한울님이다."라고 가르친다. 기연으로 보면 우리는 모두 스승님의 가르침을 받아서 공부하고 있으나 불연의 눈으로 본다면 우리는 모두 한울님의 가르침을 받고 있으며 받아야 하는 것이다.

물론 근본 실상은 배운다거나 깨닫는다거나 하는 것도 없다. 일체의 의

문이나 의심이 연기처럼 사라지고, 깨닫는다거나 받는다거나 하는 일도 일어나지 않고 모든 것이 스스로 그렇게 자연스레 돌아가게 될 때 우리는 목적지가 매우 가까워졌음을 알게 된다. '본래의 나'는 본래 자연스러우며, 본래 자유로우며, 본래 평화로우며, 본래 영원하다.

빨 래 하 고 밥 하 는 아 낙 네 에 게 도 배 우 고

한울님은 언제 어디서나 우리들을 가르치신다. 우주가 있는 것은 우리에게 가르치기 위함이다. 참 스승은 한울님 한 분뿐이다. 이를 아는 사람은 우리 앞에 전개되는 자연 현상들, 사건들, 온갖 사람들이 모두 한울님의 현현인 줄을 안다. 그 가르침은 절묘하고 무궁하여 사람의 생각으로는 헤아릴 수 없다.

마음공부를 하는 사람은 빨래하고 밥하는 아낙네에게도 배우고, 천진무구한 어린이에게도 배우고, 경륜 있는 어르신에게도 배우고, 무지한 나무꾼에게도 배우고, 땀 흘리는 농군과 노동자에게도 배우고, 교활하고 음흉한 사람들로부터도 배운다. 왜냐하면 모두가 한울님의 현현이기 때문이다. 배움을 즐겨하는 사람은 언제 어디서나 모든 존재들을 선생으로 섬긴다. 공자가 세 명 중에 반드시 나의 선생이 있다고 한 것도 이러한 뜻이 아닐까.

그러나 이를 아는 사람이 드물기 때문에 한울님은 우리들 가운데 훌륭하신 분을 스승으로 세워 우리에게 가르침을 베푼다. 우리의 스승님들과 선생님이 그러하신 분이다. 그러므로 깨닫는다는 것은 언제 어디서나 쉬지 않고 가르치고 있는 하늘의 덕과 스승님의 은혜를 잠시도 잊지 않는 것이다. 세상에서 높고 높으며 넓고 넓은 것이 스승님의 은혜이다. 스승의 은혜를 갚는 유일한 길은 스승의 뜻을 온전히 깨달아 만세에 길이 전하는 일이다.

도가 어찌 교육에만 있겠는가? 천황씨는 더 많은 창생을 구하기 위하여 왕이 되었다. 천황씨는 백성들이 선거를 해서 뽑은 것도 아니고 선왕이 물려준 것도 아니며 오직 스스로 하늘임을 깨달아 왕이 된 것이다.

『서경』에 하늘이 무리 중에 현철한 사람을 뽑아서 왕으로 세웠다고 하지만 어찌 하늘이 세웠겠는가? 스스로 자신이 하늘임을 깨달은 사람이 그 깨달음의 덕을 천하에 널리 펴 사람들을 이롭게 하기 위하여 왕이 되었던 것이다. 『서경』에 이르기를 하늘은 특별히 친함이 없고, 오직 정성과 공경으로 자신의 할 바를 다하는 사람만이 하늘과 가깝기 때문에 하늘이 그 사람을 들어 쓴다고 하였다. 또한 주공은 "하늘은 덕이 있는 사람이면 누구나 구별 없이 돕는다."고 하였다.

19세기 조선 말 철종이 재임하고 있는데 '참된 왕은 자신 안의 한울님을 깨달은 사람'이라고 말했다고 생각해 보라. 반역죄가 아닐 수 없다. 예수도 천국의 왕 이야기를 하다가 결국 죽임을 당하였다. 불연기연이라는 알 듯 모를 듯한 이야기를 통하여 수운은 "참된 왕은 자기 하늘을 자기가 깨달은 사람이다."라는 메시지를 전하였다.

이 점에서 동학은 확실히 혁명적이다. 하늘의 명을 동학이 받아 정치적 정통성을 받았으니 혁명이 아니고 무엇인가? 천도를 받은 동학이 천덕을 뭇 백성들에게 베풀기 위하여 권력을 행사한다는 논리가 불연기연에 내포되어 있는 것이다. 참된 권력은 자기 안의 한울님을 깨달아 스스로 황제가 된 사람의 것이라 하겠다.

사람됨과 교육 그리고 정치의 주인이 된 천황씨의 사례를 통하여 사람 안에 살아 숨쉬는 한울님이 또한 분명해졌다. 그러나 여기에서 그치지 않고 수운은 동식물과 자연 현상계에서도 하늘이 작용하고 있음을 말한다.

강남으로 갔던 제비는
가난해도 옛집으로 다시 돌아오는데

강남으로 갔던 제비는 가난해도 옛집으로 다시 돌아오는데 어떻게 이런 일이 가능한지 수운은 묻고 있다. 제비가 사람보다 더 지혜로워 그러한가? 까마귀가 어미를 도로 먹이는데 까마귀가 효를 알아서인가? 밭 가는 소가 사람의 말을 알아듣는 듯하다. 사람의 말을 알아듣는 지혜가 있다면 힘으로 사람을 받아 버릴 것이지 왜 사람의 부림을 받고 사람에게 죽게 되는가? 깊게 생각하면 할수록 알 수 없는 일들이다.

어떻게 미물인 동물들에게 사람도 갖지 못한 지혜가 있는가? 제비, 까마귀, 소가 어떻게 이토록 갸륵한 지혜를 가지고 있는가? 그 대답은 매우 간단하다. 그것은 갓난아기가 배우지 않아도 어머니를 알듯이 하늘이 부여해 준 지혜가 제비에게도, 까마귀에게도, 소에게도 있기 때문이다. 동물들에게도 하늘의 지혜가 작용하고 있는 것이다. 아씨시의 성 프란시스코는 새들에게도 설교하고 이리에게도 훈계를 하였다. 동물은 사람의 말은 잘 알아듣지 못해도 하늘의 말은 알아듣는다.

해월은 이필제 사건 이후 관군의 추격을 받아서 태백산 골짜기를 헤매던 때에 호랑이를 만나게 된다. 이때 함께 갔던 강수는 두려워했지만 해월은 호랑이를 마치 강아지 다루듯 쓰다듬었다는 이야기가 전해지고 있다. 그러나 추격해 오던 관군은 호랑이 소리를 듣고 해월이 있었던 동굴 근처에는 얼씬거리지도 않았다고 한다. 호랑이도 하늘을 모시고 있다.

해월은 "지저귀는 새도 한울님을 모셨다."고 하여 동물도 사람과 똑같이 한울님의 이치와 기운으로 살아가고 있다고 하였다. 해월은 사람들이 하늘의 지혜를 받지 못하니 동물들이 하늘의 지혜를 받아 얼마나 총명한지를 설명한다.

슬프다, 이 세상 사람의 앎이 없음이여. 차라리 새와 짐승을 돌아보아 말하리라. 닭의 울음에 밤이 나누어짐이여, 개가 짖음에 사람이 돌아오도다. 멧돼지가 칡을 다툼이여, 창고의 쥐가 있을 곳을 얻었도다.

한울님의 지혜를 받아서 닭은 사람보다도 더 정확하게 시간을 알고, 개는 사람이 듣지 못하는 소리를 알아듣고, 멧돼지는 먹을 것이 있는 곳을 알아

을 거역하겠는가? 모든 일은 한울님의 뜻에 의하여 한울님의 기운이 움직인다. 그러므로 한울님에게 불가능이란 없다.

아래로 흐르는 물이 어떻게 산 위에 있는가? 어떻게 그 높은 백두산에 천지가 있는 것일까? 하늘에서 비구름(水雲)이 비를 뿌려 산 위에 물이 있게 되었다. 그렇지만 백두산의 물은 하늘이 내린 비보다 많아 언제나 그 드넓은 천지를 채우고 있으니 그 물이 어디로부터 온 것인가? 땅 속에서 솟았다고 해도 그 주변에 천지보다 높은 지역이 많지 않으니 이 또한 알 수 없는 일이다.

밀림 지대에는 수십 미터 높이의 나무들이 빼곡하게 서 있다. 나무는 수액을 수십 미터의 꼭대기까지 올려 줄 수 있다. 생명의 신비다. 땅도 살아 있는 나무처럼 백두산 꼭대기까지 물을 역류시켜 올리는 것인가? 참으로 백두산 천지는 상식적으로는 알 수 없는 불연이 아닌가? 혹시 한울님이 불연기연의 상징을 보여 주시기 위하여 백두산을 만드신 것은 아닐까?

한울님을 모시는 그 순간부터 모든 신비는 사라지고 모르는 것이 없게 되고 불가능이 사라지게 된다. 해월은 자연 사물 안에서 춤추는 한울님을 대하는 태도로 경물(敬物)을 말하여 한결 이해하기 쉽게 하였고, 의암은 먼지 티끌에 작용하는 한울님에 대하여 많은 이야기를 하였다. 다른 장에서 이 점을 또

살펴볼 기회가 있을 것이다.

이글거리는 햇살 속에서나 부서지는 파도에서도

이글거리는 햇살 속에서나 부서지는 파도에서도 그분의 율동을 느끼고, 참새가 앉았다 떠난 나뭇가지에서 떨어지는 낙엽에서도 그분의 흔적을 느끼고, 하늘하늘 내리는 눈송이의 춤사위 속에서도 그분의 손길을 느끼고, 메마른 대지에 박힌 바위 틈새를 비집고 솟아나는 연초록 싹에서도 그분의 숨결을 느낀다. 세상 사람들이 이슬이 맺히고, 비가 쏟아지고, 서리가 내리고, 눈이 흩날리는 가운데서 그분의 자취를 느끼지 못하므로 한울님은 천년마다 황하를 맑게 하고 백두산 위에 천지를 만들어 놓은 것은 아닐까.

제 2 부 내 안에 모심 ^(侍)

우리 사람이 태어난 것은 한울님의 영기靈氣를 모시고 태어난 것이요

우리 사람이 사는 것도 또한 한울님의 영기를 모시고 사는 것이니

어찌 반드시 사람만이 홀로 한울님을 모셨다 이르리오

천지만물이 다 한울님을 모시지 않은 것이 없느니라

저 새 소리도 또한 시천주의 소리니라

• • • 해월 • • •

제 4 장   본래의 나

변함이 없으나 스스로 화해 나며 움직임이 없으나 스스로 나타나서

천지를 이루어 내고 도로 천지의 본체本體에서 살며

만물을 생성하고 편안히 만물 자체에서 사니

다만 천체天體를 인과로 하여 무선무악無善無惡하고

불생불멸不生不滅하나니 이것이 이른바 본래의 나니라

* * *   의암

남이 알아주지 않아도 마음은

수운은 천도는 "내가 나 된 것 이외에 다른 것이 아니다."라고 하였다. 즉, 도란 '본래의 나'를 되찾는 길이라는 뜻이다. 천황씨도 '본래의 나'를 깨달아 천황씨가 되었으며 수운도 본래의 나를 깨달아 천도를 밝혔다. '본래의 나'는 한울님이다. '본래의 나'를 깨달은 마음을 영부심靈符心 또는 궁을심弓乙心이라고도 한다. 해월은 하늘로부터 받은 강시에서 "궁을이 문명을 돌이킨다弓己回文明."고 표현하였다. 하늘로부터 받은 마음이 새로운 후천 문명을 탄생시킨다는 뜻이다.

한울님은 천주 조화이며, 이치와 기운의 합일이다. 한울님은 고요하면서 영원히 운동하는 존재이다. 안으로는 공공적적空空寂寂한 고요한 본성이며, 밖으로는 원원충충圓圓充充한 기운이다. 한울님은 안으로는 무극한 대도이며(無極大道), 밖으로는 무궁한 조화이며, 그 움직임은 무위이화無爲而化이다. 한울님은 천지부모天地父母이며, 아침 저녁으로 먹는 음식으로 나를 기르는 우주의 원기元氣이다. 한울님은 높고 높아 그 끝을 모르며 넓고 넓어 그 경계를 알 수 없다.

이러한 한울님을 사람이 자기 안에 모시고 있다. 그러므로 '본래의 나'는 높고도 높은 하늘을 자기 안에 간직하고 있으며, 넓고도 넓은 우주를 창조·운행하는 조화를 자기 안에 구비하고 있다. 그리하여 사람은 하늘보다도 신성하며 우주 만물보다도 더 자연스럽다. 동학·천도는 현대문명이 잃어버린 신이라는 벗과 자연이라는 벗을 되찾아 주었다. 그럼으로써 동학·천도는 과학 문명, 물질문명을 이어 새로운 문명의 근본을 열게 된다.

그러나 불행하게도 새로운 문명의 중심이라 할 수 있는 '본래의 나'를 깨달은 수운을 알아 주는 사람은 처음에는 많지 않았다. 이런 세태를 수운은 다음과 같이 한탄했다.

그 모르는 세상 사람 승기자 싫어할 줄 무근설화無根說話 지어내어 듣지 못한 그 말이며 보지 못한 그 소리를 어찌 그리 자아내서 향안설화 분분한고.

어떻게 세상 사람이 알아 주기를 기다릴 수 있겠는가? 물질밖에 보이지 않는 사람들에게 어떻게 도를 보고 덕을 느끼라고 할 수 있겠는가? 공자는 "남이 나를 알아 주지 않아도 성내지 않으면 군자가 아니겠는가."라고 하였다. 남들이 모르는 성인이 있기에 인류 사회는 그나마 현재처럼 유지되고 있음을 아는 사람은 적다. 세상이 멸망으로 위험에 처하게 될 때 하늘은 성인을 내어 세상을 보존하고, 우리나라를 보존하였다.

옛날만 그런 것이 아니라 지금도 사정은 똑같다. 남이 알아 주지 않아도 마음은 언제나 한울님과 함께 하며, 부화부순夫和婦順의 가정 생활을 하였고, 다른 사람과 함께 평범한 직장 생활을 하였으며, 알 수 없는 지혜와 무궁한 조화로 구부러지고 옹이 투성이의 재목을 반듯하게 교육시키고, 이 나라와 민족을 진정으로 보살피고, 60억 인류의 평화와 행복을 기원하던 위대한 하늘 사람을 나는 알고 있다.

사람이 비록 자신 안에 한울님을 모셨으며 조화 기운을 운용하지만 이를 아는 사람이 적으므로 수운은 명·덕·명·도·성·심·외·경明德命道誠心畏敬이라는 예로부터 전해오는 여덟자의 한자를 새롭게 풀이함으로써 한울님, 우주 자연, 사람에 대하여 명쾌하게 풀이하였다. 이 여덟자는 모두 '본래의 나'를 가르치기 위함이다. 여기에서는 여덟자를 통하여 '본래의 나'를 어떻게 가르치고 있는지를 살펴보자.

내 마음 등불은 비 바람에 꺼지지 않는다

먼저 밝음이다.

밝음이 있는 바를 알지 못하거든 멀리 구하지 말고 나를 닦으라.

밝음은 태양처럼 밖에 있는 것이 아니라 자신기 마음 안에 있기 때문이다. 마음 등불을 켠 사람은 시간과 장소를 불문하고 언제나 밝다. 밤낮을 가리지 않고 밝으며 지하든 지상이든 어느 곳이든 오직 밝을 따름이다. 그리고 그 어떤 것도 마음의 밝음을 가릴 수 없다. 왜냐하면 마음의 빛은 모든 것을 꿰뚫기 때문이다. 마음의 빛은 어떤 것으로도 끌 수 없다. 바람으로도 끌 수 없으며 물로도 끌 수 없다. 그러므로 이 밝음은 영원하다.

도를 찾아 어디로 갈 것인가? 지혜의 등불을 찾아 어디로 떠날 것인가? 아득한 옛날부터 깨달음을 찾아 나선 구도자들은 진리를 찾아, 스승을 찾아, 깨달음을 찾아, 밝음을 찾아 밖으로 나섰으나, 결국 자신 안에서 진리를 찾게 된다. 내 안에는 아득한 과거에서부터 아득한 미래까지 존재했으며 영원히 존재할 본래의 밝음이 언제나 그렇게 자리잡고 있다. 그러므로 나를 닦게 되면 자연한 광명이 스스로 빛나 자신과 우주를 모두 밝히게 된다.

꼬았던 새끼를 풀어서 다시 꼬았다

이 영원의 빛이 있기에 우주는 존재한다. 이를 하늘의 정성이라 하겠다. 하늘은 잠시도 쉬지 않는 정성으로 무한의 빛을 보내 우주 전체를 밝히고 있는데, 사람이 어찌 쉴 수 있겠는가? 해월은 언제 어디서나 잠시도 쉬지 않고 일한 것으로 유명하다. 일이 없으면 꼬았던 새끼를 풀어서 다시 꼬았다고 한다. 이것이 정성이며 쉬지 않는 하늘의 도이며 사람이 영원히 따라야 할 길이다. 잠시라도 내 마음을 잃지 않았는지 언제나 살펴야 할 것이다.

정성은 농사 짓는 것과 다르지 않다. 하루라도 게으르면 잡초가 무성해져 어린 도라지 싹들을 뒤덮어 버린다. 하늘은 친함이 없지마는 마음을 잃지 않고 정성스런 사람에게는 하늘이 강림降臨하지 않을 수 없다. 정성이야말로 하늘이 우주 만물을 이루어 낸 성공의 길이며, 사람이 또한 일에 성공하는 비

결이라 하겠다. 천재는 쉬지 않는 노력의 결과이다. 노력하지 않고, 단련하지 않고 이루어지는 일은 어디에도 없다.

쌀 한 톨을 만들기 위하여 태양은 얼마나 많이 동쪽에서 떠서 서쪽으로 졌던가. 또한 비와 바람의 은덕과 농부의 투박한 손길은 또 얼마나 자주 스쳤던가. 그러나 정성은 단순한 반복 이상이다. 정성은 자신의 모든 것을 남김없이 헌신하는 것이다. 인도에는 이와 관련된 재미난 이야기가 있다.

깨달음을 얻었다는 왕이 있어 신이 독수리와 참새로 분신粉身하여 시험을 하기로 하였다. 독수리에 쫓기던 참새는 왕궁으로 날아 들어와 왕에게 보호를 간청하였다. 깨달은 성인은 자신에게 보호를 요청하는 자에게는 무조건적인 보호를 해 준다는 것이 인도인의 관습이다. 독수리는 자신의 먹이를 가로챘다면서 왕에게 참새와 같은 무게의 살을 요구하였다. 왕은 허벅지 살을 충분히 떼어 저울에 올려 놓았으나 저울은 참새 쪽으로 기울었다. 다시 더 많은 살을 올려 놓았으나 저울은 약간 움직일 뿐이다. 아예 한쪽 다리를 잘라 올려 놓았으나 저울은 기울기가 크게 바뀌지 않는다. 마침내 왕 자신이 저울에 올라서자 저울이 수평이 되었다.

정성이란 자신의 모든 것을 헌신하는 것이다. 자기 전체를 천주에게 드리는 것이 정성인 것이다.

**부 모 없 는 사 람 은 없 고 밥 먹 지 않 는 사 람 없 으 며
하 늘 의 덕 을 입 지 않 는 사 람 이 없 다 .**

(하늘의) 덕이 있는 바를 알지 못하거든 내 몸의 화해난 것을 헤아리라.

내 몸이 어떻게 세상에 있게 되었는지를 생각해 보라는 것이다. 부모님께 몸을 받고 자연이 베풀어 준 음식물을 먹고서 이 몸이 이렇게 생겨나서 숨쉬며 살아가고 있는 것이다. 부모님은 그 몸을 어디에서 받았으며 음식물은 또 어느 곳으로부터 왔는가? 그리고 호흡할 수 있는 공기는 또 어느 곳으로부터 왔는가?

부모 없는 사람은 없고 밥 먹지 않는 사람은 없으며 숨을 쉬지 않는 사람은 없다. 내 몸이 존재하는 것은 천지부모와 자연 사물이 있기 때문이다. 해월처럼 이 점을 분명하게 밝히고 몸소 체행한 분도 없다. 한울님의 덕이 어디 먼

곳에 있는 것이 아니라 바로 내 몸이 태어나고 살아가는 지금 여기에 작용하고 있는 것이다.

과학자들은 우주의 이치를 찾아서 화성으로 목성으로 우주선을 보내지만 마음공부를 하는 사람은 마음을 내 안으로 보내어 그곳에서 한울님의 덕을 보게 된다. 그리하여 내 몸이 태어나고 살아가고 환원하는 그 가운데 내려온 하늘의 덕을 알게 되면 그 은덕에 감사하고 공경하게 된다.

거룩하고 위대한 존재를 만나게 될 때 자연스럽게 우러나오는 마음이 공경이다. 공경은 사모하여 우러러 보는 마음이다. 앉으나 서나 그 크신 은덕을 잊지 않는 마음이다. 한량없는 마음으로 이 나라를 세우고, 피로써 이 나라를 외적으로부터 지키고, 땀으로써 이 나라를 건설하여 오늘 우리가 이렇게 삶을 살아갈 수 있도록 해 주신 님들을 사모하여 우러르는 마음이 공경이다.

애국자만을 사랑하는 것이 아니라 우주 전체를 이렇게 낳아 놓고, 보살피고, 부양해 주는 천지부모를 지극히 사모하여 우러르는 마음이 들 때 우리는 한울님의 덕을 생각하게 된다. 그러므로 한울님의 덕을 공경하지 않는 것보다 큰 불경不敬이 있겠는가? 부모님께 불효하여 부모님이 화를 내시는 것은 보기 쉬우나, 한울님께 불경하여 한울님이 화내시는 모습은 보이지 않는다. 그러나 공경치 않을 때 그 재앙은 심히 두렵고 두려운 일이다.

그러므로 한울님을 사모하여 우러르는 마음이 없는 사람은 그 목숨이 나날이 쇠잔해 가고 자손이 영락해 간다고 하였다. 만약 한 공동체가 한울님을 사모하여 우러르는 마음이 없게 되면 그 사회는 나날이 쇠잔하여 마침내 지구상에서 사라질 것이다. 화려하게 등장했다가 초라하게 사라진 강력한 문명은 많지만 공경을 아는 문명은 그다지 많지 않았다. 지금은 강성해 보이지만 공경을 모르는 문명은 멸망을 피할 수 없다.

문명사를 논하는 학자들은 문명의 흥망성쇠에 대하여 다양한 원인을 말하지만 그 근본 바탕에는 하늘의 덕에 대한 공경 여하에 있다고 하겠다. 19세기 말 문명의 위기를 논하면서 수운은 경천순천敬天順天을 대안으로 제시하여 동학·천도를 창시하였다. 사모하여 우러르는 마음을 가지게 될 때 하늘은 덕을 베푼다. 그렇지 않은 사람에게는 화禍를 내린다.

만 물 에 는 결 이 있 다

하늘의 명령은 어김이 없으며 예외가 없다.

명이 있는 바를 알지 못하거든 내 마음의 밝고 밝음을 돌아보라.

명命은 하늘의 명령이자 뜻이요, 하늘의 이치이다. 하늘의 명을 피할 수 있는 존재는 하나도 없다.

만물에는 결이 있다. 나무에도 있고 돌에도 있다. 석공은 바위의 결을 읽을 수 있는 눈이 있어서 결을 따라서 정으로 홈을 파고 그곳에 대추나무를 끼우고 주전자로 물을 붓는다. 그러면 쐐기가 팽창하여 거대한 돌이 결을 따라서 쩍 갈라지게 된다. 나뭇결을 아는 사람은 장작을 팰 때도 나무를 다듬을 때도 자유자재로 한다. 이理의 의미 중의 하나가 결이다. 이 결을 파악하지 못하는 사람은 평생을 정으로 바위를 쪼더라도 바위를 가를 수 없으며 하루 종일 나무를 패더라도 땀만 흘릴 뿐이다. 사람의 마음에도 결이 있으니 이를 간파한 사람은 사물과 사람을 대하는 데 걸림이 없다.

그렇다면 이 세상의 결을 파악할 줄 아는 마음의 빛은 어디로부터 왔는가? '본래의 나'의 마음은 본래 밝기 때문에 가고 옴이 없다. 밝음은 언제나 내 마음에 아득한 과거에서부터 까마득한 미래까지 영원토록 그렇게 존재하는 것이다. 그러므로 하늘의 명을 알려면 내 마음의 밝음을 돌아보아 빛이 어디로부터 왔는지를 헤아려야 할 것이다.

천명을 받으려면 내 마음의 빛이 온전하게 드러날 수 있도록 검은 때를 벗겨야 할 것이다. 내 마음이 밝아질 때 비로소 우주 만물 안에 새겨진 결들을 파악하여 힘들이지 않고 우주 만물을 다스릴 수 있게 된다. 하늘의 결을 파악하지 않고 억지로 한다고 해서 되는 일은 없다. 그렇게 하면 편법에 능하게 되고, 편법은 당장의 곤란을 잠시 가려 줄지 모르지만 내일이면 망하는 지름길이다. 거짓은 자신의 몸을 부수는 망치일 뿐이다. 안으로 불량하고 겉으로 꾸며내는 사람들을 볼 때면 처음에는 미운 생각이 들지만 나중에는 안타까운 마음뿐이다. 왜냐하면 그러한 사람들은 내일이면 돌이킬 수 없는 죽음의 세계로 떨어지기 때문이다.

하늘의 명령을 따르는 사람에게는 어려움이 없으며 실패가 없다. 왜냐하면 하늘이 정답을 알려 주기 때문이다. 존망의 위기에 부딪칠 때 우리는 하늘의 뜻이라 하면서 점占으로 한 공동체의 운명을 결정하는 장면을 보기도 한다. 그러나 점을 치는 사람이 순수하여 하늘의 뜻을 그대로 드러낼 수만 있다면 문제가 없겠지만 어떻게 장담할 수 있는가? 마음이 밝은 사람은 하늘의 명령을 알아 어김없이 따르니 매사에 성공할 수밖에 없다.

마음이 밝은 사람은 사사로움이 없는 사람이니 하늘과 똑같이 지공무사至公無私하다. 지극히 공변되기 때문에 또한 마음이 밝아진다.

마음이 사사로움에 매인 사람은 어떤 일을 처리하더라도 그르치게 된다. 왜냐하면 사사로움으로 일그러진 거울에 비친 상에 따라서 판단하기 때문이다. 일체의 사사로움이 사라질 때 우리는 고요한 호수와도 같은 평정한 마음을 갖게 되어 그 위를 지나는 구름도, 하늘도, 태양도, 달도 정확하게 비추어 정확하게 판단할 수 있게 된다.

내 마음에 따라서 하늘의 명령을 이행하니 마음이 공변되고 삿된 데 따라서 성패가 달렸으니 두렵고 또 두려운 일이다. 사람이 오직 두려워할 일이 있다면 오직 내 마음을 지극히 공변되게 쓰는지, 아니면 사사롭게 쓰는지의 문제이다. 사사롭게 마음을 쓰면 하는 일마다 실패하게 되니 두려워하지 않을 수 있겠는가? 마음에서 사사로움이 사라지게 되면 지극한 한울님 기운과 하나가 되어 지극한 성인에 이르게 된다.

하 늘 길 은 눈 에 보 이 지 않 는 다 .

도가 있는 바를 알지 못하거든 내 믿음이 한결같은가 헤아리라.

도는 하늘 길이다. 하늘 길은 눈에 보이지 않는다. 그러므로 사람들은 하늘 길이 있는지를 알지 못한다. 하늘 길이 있는지를 알려면 믿어야 한다. 하늘 길이 있다는 사실을 굳게 믿고 그 길을 걸어야 한다. 한울님에 대한 믿음이 없다면 하늘 길을 걸을 수도 없거니와 설사 걷더라도 마음이 흔들리면 그 즉시로 추락한다. 예수는 믿음의 힘이 어떠한지를 잘 보여 주었다. 믿으면 물 위를 길처럼 걸을 것이며 믿지 않으면 물 속으로 빠질 뿐이다. 하늘 길에서 벗어나면 추락 이외에 다른 것이 없다.

믿음이 한결같을 때 하늘 길은 반석과도 같아 고속도로를 달리는 편안함을 느낄 것이고, 그렇지 못할 때는 면도날 위를 걷는 것과도 같아 위태롭기

그지없을 것이다. 그러므로 믿음이 굳건한 사람은 돌을 굴려 산으로 올리는 일도 쉽게 하며, 산을 이곳에서 저곳으로 옮기는 것도 자유로이 할 것이라고 한다.

하늘 길을 알려면 믿음의 기둥을 세워야 한다. 내 마음의 기둥이 굳건해야 도의 맛을 안다. 흔들리는 기둥에 대들보를 올리고 서까래를 올릴 수는 없다. 흔들리는 기둥에 집을 짓는다는 것은 모래 위에 집을 짓는 것보다 더 무모한 행위이다.

그러므로 한울님의 집을 짓기를 원한다면 흔들리지 않는 믿음의 기둥을 세워야 한다. 왜냐하면 일체의 모든 것이 믿음의 기둥에 매달려 있기 때문이다. 마치 인체의 장기가 모두 척추에 매달려 있듯이 우주 만물은 모두 도의 척추(道樞), 영의 척추(靈樞)에 매달려 있다. 내 믿음이 한 일一 자처럼 곧게 될 때 한울님을 믿는 것은 내가 나를 믿는 것이요 다른 것이 아니라 하겠다. 내가 한울님임을 믿어 의심치 않을 때 나는 하늘 성품을 거느리고 하늘 마음을 쓰게 되어 천상 천하에 가장 존귀한 존재가 된다.

내 마음을 하늘처럼 쓰면 나는 하늘처럼 광대무변하게

내 마음을 하늘처럼 쓰게 되면 나는 하늘처럼 광대무변하게 된다. 내 마음을 동물처럼 쓰게 되면 야수가 되고 내 마음을 신선처럼 쓰게 되면 신선이 된다. 내 마음을 내가 쓰는 것이니 어떻게든 쓸 수 있다. 마음을 험하게도 쓸 수 있고 곱게도 쓸 수 있다. 마음을 선하게도 쓸 수 있고 악하게도 쓸 수 있다. 마음 쓰는 데 따라서 한울님은 그대로 현실화 시켜 주는 거울이자 조화옹造化翁이니, 두렵고 두려운 것은 마음 쓰는 데 있다.

의암은 이를 정시정문正示正聞이라 하였다. 한울님은 언제나 정확하게 보시고 정확하게 들으신다. 그러므로 몸가짐을 올바로 해야 할 것이며, 말을 올바로 해야 할 것이다. 몸과 말은 마음으로 움직이니 역시 마음가짐을 잘하는 것이 가장 중요하다.

마음을 공자처럼 쓰면 누가 자리 없는 성인이 아니고, 마음을 석가처럼 쓰면 누가 부처님이 아니며, 마음을 예수처럼 쓰면 누가 하나님의 독생자가 아니겠는가? 어짊으로 살아가고, 자비로 베풀고, 사랑으로 감싸안으니 이 모든 것을 내 마음으로 하는 것이다.

예로부터 전해오는 8개의 글자를 통하여 만고없는 무극대도를 밝히니, 다름이 아니라 '본래의 나'를 찾은 것이다. '본래의 나'는 동서고금이 따로 있지 아니하므로 예로부터 지금까지 모든 성인들이 찾아서 사용했으며, 사용하며, 사용할 것이다.

인류 역사에 있었던 수많은 성현들과 그들의 말씀과 언행을 기록한 경전들은 모두 '본래의 나'에서 나왔기 때문에 이 '본래의 나'를 통하게 되면 모든 종교와 모든 철학과 모든 문명에 통하지 아니함이 없게 된다. 그러므로 의암은 다음처럼 말한다.

옛부터 많은 경전과 많은 법설이 자기 마음을 자기가 법으로 하는 것이요 밖으로부터 오는 것이 아니니라. 경전을 배워서 만 번 외우고 하늘을 보고 천 번 절하라는 것은 다만 어리석은 사람들의 마음을 경계하느라고 만든 법이요, 이로써 성품을 보고 마음을 깨닫는 것을 얻지 못하느니라.

공자는 "인의 실현은 나에게 달려 있는 것이다. 남에게 의지할 필요가 있는가."라고 했으며, 맹자는 "만물이 모두 나에게 갖추어져 있다."고 하였다. 수운은 "사람은 공자가 아니로되 뜻은 같다."고 하였다. 해월은 "대선생님을 뵈옵고 마음공부를 한 뒤부터는, 비로소 별다른 사람이 아니요, 다만 마음을 정하고 정하지 못하는 데 있는 것인 줄 알았노라. 요순의 일을 행하고 공맹의 마음을 쓰면 누가 요순이 아니며 누가 공맹이 아니겠느냐."고 하였다. 의암은 '성인도 또한 큰 장애요, 세상도 반드시 작은 장애'라 하였다. 부처는 "하늘 위와 하늘 아래에 오직 나만이 존귀하다(天上天下唯我獨尊)."고 하였으며, 예수는 "나는 길이요 진리요 생명이라."고 하였다.

존귀한 것은 오직 '본래의 나'이니 엉뚱한 것을 찾아 헤매면서 논쟁과 정쟁으로 고귀한 인생을 허비하지 말아야 할 것이다. 아직까지도 수많은 사람들이 성스러움을 찾아서 산속에 칩거하거나, 성지를 배회하거나, 종교 단체들을 전전하고 있다. 예수는 "솔로몬의 영광보다 저 들에 핀 백합화가 더 아름답다."고 했지만 수많은 사람들은 아직까지 솔로몬의 영광을 찾아 헤매고 있다. 그러나 한울님은 구도자의 걸음마다 함께 했고, 하고 있으며, 할 것이기 때문에 그들을 탓할 수만은 없을 것이다. 그들도 언젠가는 자신이 그토록 찾아 헤매던 한울님이 자신과 언제 어디서나 함께 하셨다는 사실을 자각하고 박장대소를 하거나 허송세월을 한탄하며 눈물을 흘릴지도 모른다.

삶은 무릇 진리 아닌 바 없건마는 '이것이 유일한 진리'라고 내세워 세상을 어지럽히는 무리들은 언제 어디서나 있었으니 공연히 요란한 외침 소리에 마음을 빼앗길 것이 아니라 매매사사에 내 안에 누가 있고 내 밖에 누가 있어 이 모든 일들이 일어나는지 생각할 일이다.

'본래의 나'에게로 돌아가기 위해서는 어리석음으로부터 자유로워져야 한다. 빛이 오면 어둠은 자연히 사라지므로 어둠에 집착할 이유는 없지만 그것이 어둠인지 빛인지를 분간하지 못하는 경우가 있으므로 태초의 '원죄'와 억겁에 쌓인 '업보'의 어둠에 대하여 말하지 않을 수 없다.

쇠 사 슬 도   단 번 에   잘 라 지 니

원죄와 업보는 본래부터 없었다. 마음을 한 번 자유롭게 하면 녹지 않을 것 같았던 빙하도 한 순간에 녹아 버리고 끊어지지 않을 것 같은 쇠사슬도 단번에 잘라지니 어찌 하늘의 신묘한 신통력이라 아니할 수 있는가? 그러므로 원죄와 업보가 깃들어 있다고 하는 이 몸과 마음을 풀어 헤쳐 본래의 공空, 허

虛, 무無로 돌리면 일체가 사라지고 오로지 비고 빈 진리 본체만 남게 된다.

비어서 온전히 우주를 담은 하나만 있으니 여기에 여러 가지 이름을 붙여 사람들은 서로 자신의 이름이 옳고 너의 이름은 그르다고 싸움을 한다. 이 어리석은 싸움은 천하가 다 이 도로 돌아와 하나인 줄 알게 되면 그치고 싶지 않아도 자연스럽게 그쳐질 것이다. 수운은 "산하의 큰 운수가 다 이 도로 돌아온다."고 하였으며, 이를 '동귀일체同歸一體', '동귀일리同歸一理', '동귀일심同歸一心'이라고 하였다. 우주 만물은 하나의 몸이며, 하나의 마음이며, 하나의 이치 기운이다. 너와 내가 따로 있지 않다. 나와 그것이 따로 있지 않다.

며느리가 베짜는 소리를 듣고
한울님이 베를 짜는 소리라고

진리는 오직 하나이다. 해월은 일체 우주 만물과 사람들이 모두 한울님을 자신 안에 모시고 있기에 "사물마다 하늘이요 일마다 하늘이다(物物天事事天)."라고 하였다. 또한 '어린아이도 한울님을 모셨으니 아이 치는 것이 곧 한울님을 치는 것'이라 하였으며, 청주의 동학도인이었던 서택순의 집에서 며느리가 베짜는 소리를 듣고 '한울님이 베를 짜는 소리'라 하였으며, 새 소리를 들으시고 '저 새도 한울님을 모시고 있다'고 하였으며, 나무의 생가지도 함부로 꺾지 말라고 하였다.

비단 어른만 한울님을 모신 것이 아니라 어린이도 모셨으며, 남자만 모신 것이 아니라 여성도 모셨으며, 인간만 모신 것이 아니라 동식물도 모셨다. 생명체만 한울님을 모신 것이 아니라 무생명체라고 하는 사물들도 한울님을 모시지 않은 것이 없다. 이 우주에 한울님을 모시지 않은 것은 없다.

육조 혜능은 "거울이 없는데 먼지를 어디에서 닦을 것이냐."라는 선시禪詩로서 스승으로부터 밥그릇을 물려받아 중국 선불교의 최고봉이 되었다. 그 혜능이 스승으로부터 깨달음을 인가받은 게송은 다음과 같다.

보리는 본래 나무가 아니고菩提本無樹,
밝은 거울 또한 받침대가 없네明鏡亦無臺.
부처의 성품은 항상 깨끗하거니佛性常淸淨,
어느 곳에 티끌과 먼지 있으리오何處有塵埃.

내가 비었으니 원죄와 업보가 어디에 붙어 기생할 것인가. 원죄와 업보가 붙어 있을 곳이 없으니 사람은 본래 자유요, 본래 해탈이다.

그러므로 있지도 않는 것을 가지고 허황되게 세워 놓아 스스로 고통스런 바다에 빠지니 이것이 중생의 어리석음이다. 부처는 그렇지 아니하여 비고 빈 실상을 바로 알아 어느 곳에도 매이지 않고 어느 쪽에도 떨어지지 않는다. 몸도 마음도 사라지고 오직 청정한 진리 본체만 있으니 때가 묻을 곳도 없으며 닦을 것도 없다고 하였다. 진리 본체가 있다면 또한 여기에 매달리려 하니 이 또한 있다거나 없다거나 할 수 없다.

성품이 비어 고요하고 마음도 또한 비어 자유로우면 보는 눈도 없으며, 보는 행위도 없으며, 보이는 대상도 사라져 버린다. 일체가 하나로 되니, 생각한다거나 듣는다거나 본다거나 하는 일체의 활동이 쉬게 되어 평안에 든다. 이것이 극락이며 천국이다. 내 마음을 내가 한 번 쉬게 되면 우주가 영원한 평안을 노래하는 것이다. 그러므로 공연히 앎을 일으켜 소란을 떨 것이 아니라 고요의 바다에 침잠할 일이다. 의암은 다음처럼 말한다.

성품을 보고 마음을 깨달으면 내 마음이 극락이요, 내 마음이 천지요,

내 마음이 풍운조화이니라. 마음 밖에 빈 것도 없고, 고요함도 없고, 불생도 없고, 불멸도 없고, 극락도 없고, 동작도 없고, 희노도 없고, 애락도 없으니, 오직 우리 도인은 자심을 자성하고 자심을 자경하고 자심을 자신하고 자심을 자법하여 털끝만치라도 어김이 없으면 가는 것도 없고 오는 것도 없으며, 위도 없고 아래도 없으며, 구할 것도 바랄 것도 없어 스스로 천황씨가 되는 것이니라.

영원·무한과 하나가 되었으니 무엇을 구하러 다니고 무엇을 찾으러 다니겠는가. 천지가 비록 높고 넓다고 하지만 한마음 안에 들어와 앉았으니 위 아래는 어디에 있으며 사방팔방은 어디에 있는가. 그 모든 것이 내 마음 안에 있으니, 믿고 정성 드리고 공경할 것은 오직 본래의 내 한 마음이라 하겠다. 하늘도 없고 땅도 없으며 또한 나도 없다. 없다는 것도 없으니 생각 하나 일으키고 말 하나 해도 이미 틀려 버린다. 그러니 귀 없는 귀로 소리 없는 소리를 들으며, 눈 없는 눈으로 보이지 않는 형상을 본다.

우주를 꿰뚫어 보는 제3의 눈

　우주를 꿰뚫어볼 수 있는 제3의 눈도 나에게 있고, 대지를 촉촉하게 적셔 풍요를 가져다 주는 감로수도 내 안에서 흐르고, 태양보다 더 밝고 달보다 더 은은한 빛도 내 안에서 빛나고, 천하의 무서운 것 중에 가장 무서운 존재도 내 안에 있고, 우주에서 가장 강한 힘을 가진 자도 내 안에 있다. 내 안의 또 다른 나를 진아眞我, 대아大我, 본래아本來我, 본성本性, 본심本心 등 무수히 많은 개념으로 묘사한다.

　내 안에 있는 본래의 나를 수운은 내유신령內有神靈이라고 하였다. 이 존재가 참된 '나'로서 우주의 주인이다. 나의 주인이며, 우주 만물의 주인이다. 인간을 포함한 우주의 주인은 오직 한 분밖에 없다.

　오랫동안 인류는 끝없는 동경의 눈빛으로 저편을 우러르며 숭앙하였다. '고통의 바다(苦海)'에서 극락의 피안으로 건너가기를 갈망하였으며, 원죄의 현세를 떠나 내세의 천국을 희구하였다. 그러나 해월은 향아설위向我設位를 통하여 인류의 소망이 담긴 지고至高의 이상을 내 안으로 돌려놓았다. 해월은 향아설위를 말하였고, 1897년 경기도 이천 앵산골에서 벽을 향하여 설치하던 제사상을 자신에게 향하여 놓는 문명의 대전환을 시행하였다.

천국도 내 마음의 천국이며, 극락도 내 마음의 극락이다. 모든 것이 내 안에 갖추어져 있으므로 이를 신령이라 하였다. 이상은 여기를 떠나 저기에 있는 것이 아니라 지금 여기에 고스란히 간직되어 있는 것이다.

이루어야 할 목적이 먼 곳에, 미래에 있는 한 현실은 고통의 바다다. 그러나 그 목적을 자기 안에 모신 사람에게 현실은 즐거움의 바다다. 신을 저 멀리 아득한 곳에 모시는 한, 우리는 영원히 고독하고 괴로운 여행자에 불과하지만 자기 안에 신을 모시고 대화하는 사람은 발길이 닿는 대로 유유자적하면서 어디를 가더라도 내 집이 아닌 곳이 없으며, 누구를 만나든지 형제가 아닌 사람이 없게 된다.

하 늘 이 하 늘 을 먹 는 것 이 며

이리 되면 하늘이 하늘의 일을 하는 것이며, 하늘이 하늘을 먹는 것(以天食天)이며, 하늘이 하늘을 가르치는 것이며, 하늘이 하늘을 다스릴 뿐이라 하겠다. 바꾸어 말하면 무슨 생각을 하고, 어떤 말을 하고, 무슨 행동을 하더라도 내가 내 생각을 하는 것이며, 내가 나를 말하는 것이며, 내가 내 일을 하는 것이라고 할 수 있다. 남의 말을 기다려 하는 것이 아니라 스스로 하는 것이다.

이렇게 하나를 아는 사람에게는 시간·공간·사람의 경계가 무의미해진다. 셋을 갈라 놓는 힘이 맥을 추지 못하고 무너져 내린다. '장부당전丈夫當前 무장사無壯士'이며, "어진 이 앞에는 적이 없다(仁者無敵)."고 하겠다. 모두가 하나로 통해 있기 때문에 어느 곳에도 걸림이 없으며 어느 때에도 통하지 않음이 없다. 일체 만유萬有가 하나로 회통하는 것이다. 하나로 통해 있기 때문에 모든 존재와 소통한다.

이 '본래의 나'는 우주 만물을 창조하고 우주 만물 안에서 살아간다. '본래의 나'는 선악으로부터도 자유로우며 생멸生滅로부터도 자유롭다. 스스로는 변하지 않으면서 만물을 생성하며, 스스로는 움직이지 않으면서 세상에 나타나며, 스스로 세상을 창조하고 오히려 세상 안에 안주하고 있다.

제 5 장 흩날리는 하얀 눈의 하양

조각 조각 날고 날리는 빨간 꽃의 빨강이여

가지 가지 피고 피는 초록 나무의 초록이여

부슬 부슬 흩날리고 흩날리는 하얀 눈의 하양이여

넓고 넓어 아득하고 아득한 푸른 강의 푸름이여

片片飛飛兮 紅花之紅耶

枝枝發發兮 綠樹之綠耶

霏霏紛紛兮 白雪之白耶

浩浩茫茫兮 淸江之淸耶

＊＊＊ 수운

바위가 숨쉬고, 모래가 노래하고

하나가 되면 움직임이 없다. 움직임이 없기 때문에 고요하고, 주고받음이 없으며, 가고 옴이 없다. 신령神靈은 이 내면의 고요를 뜻하며, 기화氣化는 밖에서 한울님을 볼 때의 표현이다. 밖에서 볼 때 한울님은 하나의 활동하는 거대한 기운이다. 이 하나의 기운은 일체 만유와 자유롭게 소통한다. 극미의 세계와 극대의 세계를 하나로 관통한다. 우주란 이 하나의 기운이 다양하게 드러난 모습이다. 거대한 하나의 기운(渾元一氣)의 매듭이자 결절이 바로 우주 만물인 것이다.

어떤 개체도 고립되거나 독립되어 있지 아니하다. 모두가 하나의 기운으로 연결되어 있다. 이것이 움직이면 저것이 움직인다. 사람의 마음이 움직이면 위로는 신도 움직이고, 아래로는 만물도 움직인다. 밖으로 기화가 있다(外有氣化)고 함은 약동하는 하나의 우주 기운과 통함이 있다는 것이다. 이것이 움직이면 저것도 움직이고 이것이 고요하면 저것도 고요해진다.

해월은 "한울님과 사람이 서로 화하는 기틀은 잠깐이라도 떨어지지 못할 것이니라."고 하였다. 또 "그러므로 사람의 한 호흡, 한 동정, 한 의식도

이는 서로 화하는 기틀이니라."고 하였다.

나의 생명은 숨에 달려 있다. 모든 생명은 우주 대기와 호흡할 때만 존재할 수 있다. 대기와의 상호 작용을 멈추게 되면 곧 죽음이다. 한울님과 보이지 않는 끈이 떨어지면 죽음이다. 목숨이 질긴 것은 하늘이 떠나지 않았기 때문이요 하늘이 떠나기로 하면 무상한 것이 죽음이다.

외유기화外有氣化를 수운은 "밖으로 영성에 접하는 기운이 있다(外有接靈之氣)."라고 풀이하였다. 사람과 동식물, 그리고 무생명체의 가장 깊은 안에는 영성이 숨쉬고 있으며 내 마음이 고요의 바다에 이르게 되면 감수성이 예민해져서 바위가 숨쉬고, 모래가 노래하고, 먼지가 나타라쟈Nataraja 춤을 추는 것을 감상할 수 있게 된다. 바로 하나의 우주 기운과 통하기 때문이다.

무생명체라고 하는 원자의 안을 들여다보면, 전자가 핵을 중심으로 끊임없는 순환운동을 하고 있는 것을 알게 되며, 조금 더 핵을 파고들어 가면 형태를 알 수 없고 일정한 패턴만 있는 추상적인 소립자들의 율동과 만나게 된다. 이 춤추는 소립자들은 몇 가지 유형의 춤사위를 지속하고 있다. 그러므로 현대 물리학의 성과를 알고 있는 우리들은 무생명체라고 하는 사물들 안에서 일어나는 우주의 춤을 그려 볼 수 있다.

여기에서 한 걸음 더 들어가게 된다면 우리는 우주의 장엄한 쇼를 참관할지도 모른다. 우주의 약동하는 기운의 형상을 우리는 궁을ㄹ乙, 궁궁ㄹㄹ, 태극太極 등으로 말한다. 하나의 기운에서 화려하고 장엄한 파노라마가 펼쳐지는 광경을 감상한다고 생각해 보라. 없는 곳에서부터 태어나는 화려한 색깔들의 잔치를 상상해 보라. 이 얼마나 신묘한 우주의 쇼인가?

화엄경華嚴經은 화려하고 장엄하게 펼쳐진 우주 삼라만상 안에서 만나는 불성을 그리고 있다. 우주는 넓고 다양하지만 이 모두가 하나의 불성과 연결되어 숨쉬고 있다는 사실을 화엄경은 그려내고 있다. 이를 '인드라의 망'이라고도 한다. 모든 개체의 매듭은 마치 태양을 머금은 이슬처럼 우주 전체를 머금고 있다. 천개의 강에 하나의 달이 비추는 것처럼 60억 인류의 마음은 모두 하나의 영성이 비추고 있다. 마음을 하나에 모으면 60억 인류는 한마음이 될 수 있는 이유도 여기에 있다.

거울 앞에 거울이 있으니

　밖으로 접령의 기운을 느낀다는 것은 만나는 사물마다 사람마다 모두 한울님을 모시고 있음을 느끼는 것이다. 내면의 영성과 만나 소리 없는 대화를 주고받는 것이다. 마음을 연 사람들은 세상 사람들이 알아듣지 못하는 그들 나름대로의 말 없는 대화가 있다. 이들은 말 없는 소리를 듣고, 형상 없는 모습을 보고, 길 없는 길을 가고, 문 없는 문을 지나간다. 염화미소拈華微笑라 하며, 이심전심以心傳心이라 한다.

　물 위에 등불이 밝았으니 위아래가 같고, 궁을 연못에 달이 밝았으니 하늘과 땅의 거리가 사라지고, 거울 앞에 거울이 있으니 그 서로 비침이 무궁하고 무궁하다. 말을 하지 않고도 아는 사람은 서로가 서로에게 투명하다.

　반면 모르는 사람은 서로가 서로를 속인다. 아는 사람은 속일 수 없다는 것을 알지만 모르는 사람은 자기도 속이고 남도 속이고 하늘도 속이고 땅도 속인다. 이렇게 거짓으로 점철된 삶은 오늘은 뭔가 있는 것 같은 환상을 불러 일으키지만 내일이면 사라져 버리는 거품과 같은 운명을 면할 수 없다.

　하나의 혼원한 기운을 타고 태어났기 때문에 근원을 찾아 올라가면 우리 모두는 본래 하나의 형제자매임을 알 수 있다. 그러나 우리 모두가 하나인 줄 모르는 사람에게 있어서 세상은 '만인에 대한 만인의 전쟁터'이다.

해월은 외유기화를 동포同胞로 설명하였다. 사람은 다른 사람과 동포일 뿐만 아니라 자연 사물과도 동포라는 것이다. 해월은 사람과 사람은 같은 종으로서 동질적同質的 기화의 관계에 있다고 하였으며, 사람과 동식물, 그리고 자연 사물은 이질적異質的 기화의 관계에 있다고 하였다. 생명은 동질적 기화와 이질적 기화의 산물이다.

밥 이야기는 기화를 이해하는 좋은 사례이다. 사람은 밥을 먹어야 사는데, 밥은 우리 사람들의 협동 노동을 통하여 생산하는 동질적 기화의 산물이다. 그러나 사람의 힘만으로는 밥을 생산해 내지 못하며, 땅과 바람과 비, 그리고 수많은 자연 사물의 협동 관계가 필수적이다. 이러한 이질적 기화가 있어야 벼가 자라게 된다. 그러므로 밥 한 그릇은 동질적 기화와 이질적 기화가 협동하여 만들어 낸 것이다.

곡 식 은 천 지 의 젖

　해월은 '만사를 아는 것은 밥 한 그릇을 먹는 이치를 아는 것^{萬事知食一宛}'이라고 하였다. 밥 한 그릇에는 수많은 사람들의 손길과 자연의 숨결이 들어 있다. 밥 한 그릇을 제대로 먹는 것은 우주 자연과 동포 사람들을 아는 길인 것이다. 해월은 '곡식은 천지의 젖'이라고 하였다. 우리들이 먹는 음식은 천지 자연이 베풀어 주는 정제된 기운이다. 천지 자연의 정기를 먹고 사는 사람이 천지에게 감사를 드리지 않는 것은 부모님의 젖을 먹고 자란 사람이 부모님께 효도를 하지 않는 것과 다름이 없다.

　동학·천도의 독특함은 식사할 때 한울님께 감사하는 데 있을 뿐만 아니라, 밥을 먹는 주체가 또한 한울님이기 때문에 한울님에게 밥을 잘 드시라고 마음으로 봉양하는 데 있다. 이렇게 되면, 하늘 사람이 하늘 음식을 먹는^{以天食天} 것이다. 먹는 나도 하늘이고, 먹히는 밥도 하늘이기 때문에 하늘이 하늘을 먹는 것이다. 그러므로 "식고의 이치를 잘 알면 도통이 그 가운데 있다."고 말한다. 도통한다는 것은 하늘과 사람 그리고 사물이 하나의 도로 통해 있다는 것을 체득하고 실천하는 데 있다고 하겠다.

한울님을 내 몸에 모시게 되면 더불어 밖으로는 타자와 영감靈感으로 교류하게 된다. 내가 한울님을 모신다는 것은 이 두 계기를 동시에 안고서 이 자리에서 벗어나지 않는 것을 의미한다고 하겠다. 이를 수운은 "온 세상 사람들이 각자 알아서 옮기지 않는다(一世之人 各知不移)."고 하였다.

영성靈性과 기화氣化를 알아서 여기에서부터 벗어나지 않는 삶을 사는 것은, 각 개인의 실천과 관계된 일이며 각 개인의 주체성과 관련된 일이다. 다른 사람이 해줄 수 없으며, 오직 자신의 마음으로 할 뿐이다. 한울님을 모시는 삶은 자주적 실천의 삶이다. 내 안의 본래의 나로부터 멀어지지 않는 삶을 살아야 하며, 다른 존재들과의 영적 관계망에서 벗어나지 않는 삶을 살아야 하는 것이다. 하늘 이치와 하늘 기운에서 각자 알아서 옮기지 않는 것은 사람들의 도덕 실천의 문제이다.

바람이 퉁소를 지나면 퉁소 소리를 내고

하늘의 눈으로 보면 세상은 하늘의 다양한 모습일 따름이다. 하나의 기운이 변하여 다양한 모습들을 만들어 냈다는 것이다. 원효는 이러한 이치를 일음一音과 원음圓音으로서 설명한다. 하나의 소리가 다양한 악기를 통하게 되면 다채로운 소리를 만들어 낸다. 하나의 소리가 피리를 지나면 피리 소리를 내고, 퉁소를 지나면 퉁소 소리를 내고, 단소를 지나면 단소 소리를 낸다. 그러나 하나의 소리는 들리지 않는 소리이며, 들리는 것은 피리 소리와 퉁소 소리, 그리고 단소의 소리일 뿐이다. 우리들에게 들리는 이 소리들을 원음圓音이라 한다.

하늘 소리를 듣고 싶다면 바람이 몹시 부는 날 겨울산 계곡을 찾아보라. 바람이 빚어내는 웅장한 하늘의 소리를 들을 수 있을 것이다.

우주의 삼라만상은 모두 나름대로의 소리를 내고 있으나 화음을 이루어 우주적 오케스트라를 연출하고 있다. 이 다채로운 다양한 소리가 하나의 소리에서 나왔음을 알 때 우리는 일음一音을 터득하였다고 한다. 이렇게 되면 득음得音의 경지에 이르렀다고 하겠다. 득음은 하나의 소리를 체득하였다는 의미이며, 하나의 소리란 하늘 소리를 뜻한다. 그러므로 득음은 하늘 소리를 사람이 체득하여 마음대로 운용하게 되는 경지를 일컫는다.

맛 이 혀 를 가 르 치 더 라

　한울님의 소리를 듣는 주체는 내가 아니라 한울님이다. 두 귀로 듣는 것이 아니라 마음의 귀가 듣는 것이다. 그러므로 의암은 "귀가 소리를 듣는 것이 아니라 하늘이 귀에 부딪치더라."고 하였다.

　사람이 하늘을 모신 것이 아니라 하늘이 사람을 거느렸고, 입이 말을 하는 것 아니라 말이 입을 가르치고, 귀가 소리를 듣는 것 아니라 소리가 귀에 부딪치고, 혀가 맛을 아는 것 아니라 맛이 혀를 가르치더라.

　역설적 표현이다. 역설은 상식의 파기를 수반한다. 상식적 감각으로는 느낄 수 없는 새로운 경지를 표현하기 위하여 우리는 역설을 활용한다. 두 귀를 닫고 마음을 기울이면 하늘의 소리가 들린다.
　모든 소리가 하늘 소리임에도 불구하고 하늘 소리를 듣는 이가 적은 이유는 모두가 자신의 귀로써 들으려 하기 때문이다. 집착하는 마음을 비우고 고요히 하게 되면 하늘이 오감을 통하여 쇄도하여 들어옴을 느끼게 된다. 그럴 때 주인은 내가 아니라 신령이며, 귀가 듣는 것이 아니라 마음이 들으며, 사람이 밥을 먹는 것이 아니라 하늘이 밥을 먹는다.

연못에 돌을 던지면 파문이 동심원을 그리면서 동서남북으로 퍼진다. 보이지는 않지만 파문은 하늘 속이나 물 속으로도 퍼진다. 하나의 소리는 천지 사방으로 퍼진다. 한울님은 기운을 타고 천지 사방으로 퍼져서 모든 존재들에게 울림을 전하기 때문에 귀를 기울이면 누구나 하늘의 소리를 들을 수 있다. 연못의 파문은 시간이 지나면서 사라지지만 하늘의 소리는 그 생함이 무궁하여 우주에 꽉 차 있어 사라지지 않는다. 약해지거나 없어지지 않기 때문에 누구나 귀만 열면 들을 수 있다.

하늘의 소리는 북쪽의 차가운 물 속에만 있는 것이 아니라 남쪽의 타오르는 불 속에도 있다. 하늘은 한겨울 두만강 어는 소리로도 우리에게 다가오고 한여름 밤 서귀포 해수욕장에서 타오르는 장작불 소리로도 우리에게 다가온다. 하늘의 소리는 뜨거운 불과도 같고 차가운 물과도 같다.

의암은 하나의 물이 처음으로 갈라져 음양이 되는 것을 음양천陰陽天이라고 표현했다. 음양이 끊임없이 약동하니 이것이 우주 탄생의 신비이며, 궁을심르乙心의 신묘神妙이며 장차 다가올 새로운 문명 탄생의 묘처妙處이다.

상반되는 두 기운을 하나로 꿰뚫게 될 때 음양 기운을 자유롭게 다스릴 수 있게 된다. 불에 달구었다가 물 속에 들어가기를 여러 차례 반복하여 마침내 명검이 탄생하고 세상 어느 것도 벨 수 있는 것처럼, 우리의 마음도 고요한 하나의 마음에서 다양한 마음으로 표현되고, 다양한 마음들을 하나로 통일할 수 있게 될 때 세상 어느 마음과도 자유로이 통하고 화합할 수 있게 되는 마음의 명인이 된다.

원만한 마음은 하나의 마음에 통한 마음이다. 천변만화하는 마음의 조화를 자유자재로 통제할 수 있다. 하나의 마음에 통하게 되면 때와 장소 그리고 사람에 따라서 봄바람처럼 인자한 마음을 쓰기도 하고, 가을서리처럼 정의로운 마음을 쓰기도 한다. 한겨울처럼 냉철한 지혜를 쓰기도 하며 타오르는 태양처럼 정열적인 마음을 쓰기도 한다. 본래는 한 마음이나 상황에 따라 자유자재로 쓰므로 원만한 마음이라 한다.

내 마음 안에서 음양이 화합하게 되면 원만한 마음이 태어나고, 가정 생활에서 음양이 화합하게 되면 아들딸을 낳고 부화부순하여 가정천국을 이룬다. 해월은 "부화부순은 우리 도의 제일 종지니라."고 하여 음양 화합의 구체적 실천을 강조하였다.

부처는… 예수는… 노자는… 소크라테스는…

우리는 옛 성인들의 깨달음이 가정을 멀리 떠나서 극심한 고행 끝에 얻어진 열매로 기억하지, 결코 부부의 원만한 생활에서 도통을 구하지 않았음을 잘 알고 있다. 공자의 부부 생활은 원만치 못했으며, 부처는 부부 생활을 떠났으며, 예수는 아예 부부 생활을 하지 않았다. 노자의 세속 생활은 알려지지 않았으며, 소크라테스는 악처로 오히려 유명하다.

음양의 조화가 우주에 있는 것이 아니라 생활에 내려와 있다. 음양이 조화할 때 우리는 음과 양을 관통하는 하나의 조화 기운을 얻어 지극한 한울님의 기운과 하나가 된다.

이를 잘못 이해하여 인도의 탄트라 전통에서는 성교를 깨달음에 이르는 수행법으로 받드는 종파도 있다. 이러한 견해는 천지 음양의 이치를 편향되게 이해한 잘못된 가르침이라 하겠다.

부부의 관계는 단순히 남녀의 관계가 아니라 우주의 음 기운과 양 기운의 관계이며, 하늘과 땅의 관계이다. 그러므로 부부가 잘 화합하면 하늘과 땅의 기운이 서로 잘 소통하기 때문에 태평하게 된다. 역易에서는 음양의 화순을 지천태地天泰 괘(䷊)로 표현하였다. 지천태 괘는 음이 위에 있고 양이 아래에 있어 기운이 상호 교합하게 된다. 지천태 괘를 동학식으로 표현하면 부화부순인 셈이다. 해월은 다음처럼 말했다.

도를 통하고 통하지 못하는 것이 도무지 내외가 화순하고 화순치 못하는 데 있느니라. 내외가 화순하면 천지가 안락하고 부모도 기뻐하며, 내외가 불화하면 한울이 크게 싫어하고 부모가 노하나니, 부모의 진노는 곧 천지의 진노이니라.

도통이 다른 데 있는 것이 아니라 부부가 화순하는 데 있는 것이다. 그러므로 역리易理를 공부하느라 평생을 책에 매달리는 것보다 부화부순의 삶을 사는 것이 오히려 진리에 가까운 삶이라 하겠다.

인도를 여행하면 진리를 찾는 수많은 구도자들을 만날 수 있다. 인도에서 도통은 출가를 전제로 한다. 결혼하고 자녀를 길러 출가시킨 뒤에는 조용히 산속으로 들어가 구도의 삶을 사는 것이 인도인이 그리는 이상적인 삶의 양식이다. 세속의 삶과 신성의 삶이 뚜렷하게 구분되어 있다. 이러한 성속聖俗

俗 이원의 삶은 비단 인도에만 국한되는 것이 아니라 많은 종교의 일반적인 형태다. 성속의 이원성은 모든 종교 조직의 뼈대이다. 그러나 동학·천도는 그렇지 아니하여 성과 속이 하나이다. 하나임을 아는 것이 깨달음이다.

손가락 하나에서 깨닫는 도 道

속세와 신성이 하나임을 깨닫는 재미나는 구도자의 일화가 하나 있다. 이 세상 만물에 불성 아닌 것이 없건마는 이를 아는 사람이 적기에 손가락 하나로서 불성을 가르친 선승의 이야기이다.

구지倶指 선사는 중국 당대에 무주 금화산에 머물며 많은 불경 공부를 하였으나 마음에 깨달음이 없었는데, 어느 날 젊은 선승으로부터 모욕을 당한 뒤 깨달음을 갈구하게 되었다. 때마침 천룡天龍 선사가 손가락 하나를 들어 올리는 것을 보고 크게 깨달아 구지 선사는 불성을 물어보는 사람이 있으면 언제나 손가락 하나만 세웠다고 한다.

어느 날 먼 곳에서 구지 선사에게 어떤 스님이 법을 물으러 왔다. 마침 선사는 출타 중이어서 안타까워하고 있는데 시중 드는 동자가 "우리 스님의 법문이라면 그동안 많이 보고 들은 바가 있어 저도 잘 알고 있으니 물으십시오." 하였다.

이에 객승이 정중히 물으니 동자는 구지 선사가 하듯 곧바로 손가락을 세워 보였다. 불법을 얻으러 왔던 스님은 의아한 마음으로 산을 내려가다가 구지 선사를 만나게 되어 절에 다녀온 이야기를 사실대로 말씀드렸다.

절에 돌아온 선사는 동자에게 그간의 이야기를 듣고는 "좀 전의 그 법문을 나에게도 한 번 해 다오." 하니 동자는 손가락 하나를 세워 보였다. 순간 구지 선사는 동자의 손가락을 단칼에 잘라 버렸다.

울며 달아나는 동자를 고함을 질러 부르며 "어떤 것이 불법의 참다운 뜻이냐?" 하니 동자는 자신도 모르게 하던 버릇대로 손가락을 들려고 했으나 이미 손가락은 없었다. 없는 손가락을 보는 그 순간 동자는 마음을 활연관통 豁然貫通하게 되었다고 한다.

구지 선사는 입적하면서 이르기를 "내가 천룡의 손가락 하나 드는 법을 받고서 일생 동안 썼으나 다하지 않았다." 했다고 한다.

사람들은 엄지 손가락을 들면 손가락을 보지만 손가락 하나 움직이기 위해서는 신경이 움직이고 마음이 움직여야 한다는 사실에 생각이 미치지 못한다. 보이는 손가락만 볼 뿐, 안 보이는 묘한 작용은 못 보는 것이다. 손가락을 들려면 신경이 움직이고, 마음이 움직이고, 불성이 바탕에 깔려 있어야 한다. 손가락 하나 드는 것도 불성이 없이는 불가능한 것이다. 손가락을 들었지만 실은 불성을 들어 보이고자 했던 것이다. 동자는 들어 올렸으나 손가락이 보이지 않자 비었으나 오히려 만물을 움직이는 진공묘유眞空妙有의 자리를 보았다고 하겠다.

『벽암록』을 지은 원오圜悟는 "한 점의 티끌이 날아올라도 그 속에 온 대지가 포함되어 있고, 한 떨기 꽃이 피어도 그 영향으로 온 세계가 흔들린다. 그런데 그 티끌이 일지 않고 그 꽃이 아직 피기 전일 때는 이 우주의 묘용을 어떻게 보아야 할까."라고 해설을 붙이고 있다. 진리의 본체가 본래 허공이니, 구지 선사는 보이는 기연其然에서 벗어나 보이지 않는 불연不然에 활연 관통하게 된 것이다.

수운은 '사람의 수족 동정手足動靜 이는 역시 귀신'이라고 하여 손가락 하나 움직이는 것도 하늘 기운의 헤아리기 어려운 작용이라고 하였다.

하늘이 하늘을 먹는 이치(以天食天)를 안다면 우리는 『전등록』이나 『벽암록』에 가득한 선사들의 이야기를 쉽게 이해할 수 있게 된다. 불성이 따로 있는 것이 아니며 만물이 모두 다 불성이다. 하늘이 따로 있는 것이 아니라 천지 자연이 모두 하늘이다. 생각으로 그러한 것이 아니라 실제로 그러하다. 철학하는 것과 수도하는 것의 거리는 멀다. 해월은 "그 그러함을 아는 사람과 그 그러함을 믿는 사람과 그 그러한 마음을 기쁘게 느끼는 사람은 거리가 같지 아니하다."고 하였다.

생명은 모순의 조화

수도하는 사람은 생각이나 느낌으로 그러한 것이 아니라 실제로 그렇게 살아가는 사람들이다. 하늘이 하늘을 먹는 것이며, 하늘이 하늘을 가르치는 것이며, 하늘이 하늘 되었다는 것을 기쁜 마음으로 실천하는 사람들이다. 더러움과 깨끗함이 따로 있지 아니하고, 성스러움과 속됨이 따로 있지 않다. 모두가 하나라는 것은 모든 것을 내 마음대로 한다는 뜻이다. 이것이 도인의 경지이다. 이 경지에 이르면 일체가 한울님 아님이 없으며 세상은 한울님과 한울님과의 관계일 뿐이다.

우주 만물이 하나의 기운이 변화하여 된 것이므로 내 마음이 하나의 기운과 통하게 되면 우주 간에 통하지 않는 것이 없게 된다. 해월은 이를 '협동'이라 표현하였다. 음양 두 기운의 조화에 의하여 우주 만물이 탄생하였다. 그리고 음양 두 기운은 결국 하나의 하늘 기운에서 나왔다. 음양의 차원에서 보자면 세상은 음과 양의 상호 모순의 통일에 의하여 탄생하였다. 겉으로 보면 모순이지만 실상은 상호 조화를 통해서만 창조할 수 있다. 모순을 조화시키는 곳에서 생명이 탄생한다. 즉 생명은 모순을 조화시키는 힘이다. 모순을 융화시키는 능력이 생명력이다.

다윈의 진화론은 이 세상을 전쟁터로 본다. "주어진 환경에 잘 적응한 생명만이 살아남는다."는 주장을 한다. 살아남기 위해서는 전쟁을 해야 한다는 것이다. 이러한 관념은 동물의 세계뿐만 아니라 현대 사회의 지상 명령처럼 받아들여지고 있다. 한국 사회도 IMF 체제 이후 무한 경쟁이라는 개념이 유행처럼 번져 세계 시장에서의 경쟁력을 확보하기 위하여 대대적인 구조 조정을 해야 한다는 주장이 보편화했다.

그러나 진보와 발전의 이면을 조금이라도 들여다보면 협동이 그 원천이라는 사실을 알아낼 수 있다. 경쟁과 대립을 협동으로 승화시키는 곳에서 진화와 진보가 이루어지는 것이다. 이른바 무한 경쟁론자는 이 점을 모른다.

세계적인 상품을 만들기 위해서는 다방면에 걸친 협동이 필수적이다. 원료 공급을 안정적으로 확보하고 관리해야 하며, 안정된 자본을 동원할 수 있어야 하며, 생산 설비와 기술 공정을 최적화해야 하고, 생산에서 소비에 이르는 전체 과정을 합리화해야 하며, 사람들의 소비 심리를 이해하여 마케팅을 하고, 유통망을 단축시켜야 한다. 이 모든 과정이 일사분란하게 유기체처럼 잘 조화되고 협동이 될 때 세계적인 상품을 만들 수 있다. 여기에서 중요한 것은 소통과 협동이다. 통하지 않는 것들을 통하게 하고 싸우는 것들을 화해시킬 수 있을 때 협동이 이루어진다.

협동하는 최선의 방책은 공경이라 할 수 있다. 협동의 연계망에 들어오는 모든 대상들을 하늘처럼 공경하게 된다면 어떤 경우에도 협동에 차질을 빚지 않을 것이다. 해월은 이 세상을 하늘과 하늘 사이의 협동의 장으로 본다.

하나의 단위가 안으로도 협동하고 밖으로도 협동하게 되면 세계적인 경쟁력을 가지는 상품을 만들어 내게 된다. 경쟁력 있는 상품을 만들려면 인화

人和가 우선이며, 거래처와의 조화로운 협동이 필수이며, 해외 판매자들과 소비자들과의 인격적 의사소통이 우선이다. 세계적인 기업을 하기 위해서는 세계적인 협동을 이끌어내야 하는 것이다. 한 공동체 안에서는 서로 협동하고 다른 공동체와는 같은 논리로 연대를 구축해야 할 것이다.

이 질 적 인 것 을 연 결 시 키 는 능 력 이 창 의 성 이 다

이른바 정보화 사회, 지식 사회가 도래할수록 창의성이 중요해진다. 대부분 창의성을 개성과 연관시키지만 창의성은 협동 능력이다. 협동이란 이질적인 것의 통합 능력이다. 보통 사람에게는 아무런 관계가 없는 것처럼 보이는 것들 사이의 보이지 않는 관계성을 파악해 내는 능력이 창의성이다. 창조적인 사람은 대상을 결코 구태의연한 틀에 의거하여 바라보지 않는다. 창조적인 사람은 상호 모순되는 것을 새롭게 연결하여 완전히 새로운 지평을 연다. 인류 문명은 이러한 사람들에 의하여 진보한다.

예를 들자면 이진법은 매우 창의적인 발상이었다. 십진법에 갇혀 있는 사람은 1+1=0이라는 이진법을 결코 이해할 수 없다. IT 산업은 이진법에 기초하고 있다. 있음과 없음의 모순을 처리하는 소프트웨어와 하드웨어를 만들어 내어 세상의 거의 모든 일들을 처리해 낼 수 있게 된 것이다. 0이나 1의 모순성에만 갇혀 있는 사람은 어떤 경우에도 양자의 상호 작용을 생각해 내지 못했을 것이다.

음양론은 상반되는 두 가지 기운의 상호 작용으로 우주를 바라본다. 그러므로 음양을 아는 사람은 어떤 것도 쓸모없다고 배제하거나 무시하거나 간과하지 않는다. 왜냐하면 어느 한쪽의 배제는 곧 자신의 배제를 뜻하기 때문이다. 그러므로 자연을 정복한다거나 신은 죽어 버렸으며 오직 인간만이 지존의 존재라는 발상은 동양에서는 찾아보기 힘들다.

경쟁력 있는 사람은 다른 신앙, 다른 세계관을 가진 사람들과도 의사소통을 잘 한다. 자본의 위대한 소통력은 지구를 하나의 경제 단위로 통일시킬 만큼 위대한 통합 능력을 발산하고 있어 세계화는 더 이상 구호가 아니다.

그러나 사람들은 아직까지 마음의 위대한 보편적 소통 가능성에 대해서는 잘 알지 못한다. 왜냐하면 60억 사람의 다양한 마음들이 궁극적으로는 한 마음이라는 사실을 알지 못하기 때문이다. 세상 사람들은 오직 다른 마음만 볼 뿐이지, 같은 한 마음은 보지 못한다. 왜냐하면 그들의 눈은 겉모습을 통과할 수 없기 때문이다. 물질과 아집의 장막에 가려 그 너머에 하나의 기운이 춤추고 있다는 사실을 알지 못한다. 모든 색깔과 소리들을 표현해 내는 기본 코드가 0과 1이라는 사실을 알지 못하는 사람처럼 사람의 다양한 마음은 궁극적으로 궁을심弓乙心 또는 음양천陰陽天에서 나왔으며, 이 마음을 통하면 궁극적으로 한 마음에 이를 수 있음을 알지 못하는 것과 같다. 0과 1의 이진법을 모르는 사람은 소프트웨어나 하드웨어를 만들어 낼 수 없듯이 궁을심이나 음양천을 모르는 사람은 새로운 문명을 창조해 낼 수 없다. 오직 궁을 마음에 통한 사람만이 새로운 세상을 창조해 낸다.

하나의 마음이 될 수 있음을 알게 될 때 인류 사회는 하나의 사회를 건설할 수 있을 것이다. 인류의 소통을 가로막는 온갖 가지 도그마적 종교, 모순적 이데올로기, 경쟁적 경제 체제, 충돌하는 문화 상징 체계 등을 차근차근 극복해 나간다면 어느 날 우리는 비자 없이 온 세계를 여행하게 될 것이다.

창의성은 소통 가능성이며 협동에서 나온다. 세계적인 경쟁력을 갖추기 위해서는 창의성을 살려야 한다. 창의성은 통합 능력이다. 통합 능력은 모순을 새로운 차원으로 승화시키는 능력이다. 음양의 회통은 새로운 탄생을 예고한다. 음양의 회통은 오로지 순환의 중심 자리에 설 때 가능해진다. 그러나 그 중심은 다른 곳에 있지 아니하고 음과 양의 가장 내밀한 중심에 간직되어 있다. 이 중심에 설 때 남과 북은 통일되고, 동과 서는 화합할 것이다. 오늘은 꿈 같은 일이 내일이면 현실이 되어 우리 곁으로 다가올 것이다.

믿음과 사실 그리고 마음

천주를 절대화하는 사람들은 절대자가 만든 피조물이 어떻게 진리를 알 수 있느냐면서 과학도 쓸모없고 철학도 소용없다는 도그마를 유일한 진리라고 우긴다. 반면 일부 과학자들은 신을 부정해야 과학을 할 수 있으며, 철학이 인류를 위하여 한 일이 무엇이냐고 힐난한다. 철학자들 중에는 진리가 '나를 아는 데 있으며', 초월신은 노예의 종교일 뿐이며, 과학은 철학 정신의 자연 대상에의 축소라고 강변하는 자들이 있다. 종교, 과학, 철학은 서로를 배척하여 대화가 불가능한 것 같다.

그러나 동학·천도에서는 그렇지 않다. 동학·천도는 서로 이질적이고 서로 모순되고 병립할 수 없을 것 같은 종교와 과학 그리고 철학을 하나로 통합시킨다. 통합시킨다는 것은 종합한다는 것이고 종합한다는 것은 셋을 하나로 관통한다는 뜻이다.

동학에는 세 가지가 다 내재되어 있다. 시천주侍天主는 종교이고, 조화정造化定은 과학이며, 만사지萬事知는 철학이다. 천주를 모시는 것은 종교적 신앙이고, 무위이화하는 자연 속에서 작용하는 한울님을 아는 것은 과학이며, 한울님과 그 조화가 모두 내 마음에 있음을 아는 것이 또한 만사지의 심학心學이다. 자연에서 도를 배운다는 노장과, 사람의 어진 마음을 중시하는 유가가 어떻게 하나로 통할 수 있는지 사람들은 의아해 하지만, 동학에서 보면 둘 사이에는 큰 모순이 없으며 노장과 유가는 단지 한쪽에 치우쳐 있을 뿐이다. 동학·천도에서 종교가와 과학자 그리고 명상가가 만날 것이다.

종교인은 신앙을 통하여 신을 만날 것이고, 과학자는 자연의 운행을 연구함으로써 궁극적으로 우주의 이치를 찾아내 신을 만날 것이고, 철학을 하는 사람은 한울님은 내 마음의 고요한 본성이면서 동시에 무궁한 작용을 하는 마음임을 알게 될 것이다. 물론 종교·과학·심학은 그 궁극에 이르러야 서로 만날 수 있으며 그 전에는 서로 다른 길을 걷는다. 궁극에 이르러 이 세

제 6 장   마 음   기 둥

내 마음의 기둥을 굳건히 해야 도의 맛을 알고,

한 생각이 이에 있어야 만사가 뜻과 같이 되리라.

固我心柱 乃知道味 一念在玆 萬事如意

* * *   수운

나 는 내 운 명 의 주 인 공

기둥이 움직이지 않아야 집을 지을 수 있고, 혀의 미뢰가 물들지 않아야 맛을 볼 수 있다. 호수의 수면이 고요해야 파아란 하늘이 비친다. 내 마음이 고요한 이 자리에서 움직이지 않게 되면 모든 것을 뜻대로 할 수 있게 된다. 우주 만물과 인간 만사가 모두 마음 기둥에 매달려 있기 때문이다.

사람은 안으로는 하늘을 모시고 있고 밖으로는 하늘의 기운과 자유롭게 소통하고 있으므로, 이 마음을 지키고 이 기운을 올바로 하는(守心正氣) 것은 마음공부의 핵심이다. 사람의 마음은 본래 하늘 마음과 똑같으나 이를 지키지 못하여 옮기고, 사람의 마음은 본래 하늘의 기운에 통하여 있으나 번복하여 막히게 되었으므로 성쇠고락의 차이가 생기게 된다. 본래의 타고난 하늘 마음과 하늘 기운을 그대로 지키는 사람은 성인이고 여기에서 옮기는 사람은 평범한 사람이다.

사람은 태어난 시간과 장소 그리고 혈통에 따라서 받은 기운이 다르기 때문에 비록 하늘 마음과 하늘 기운을 타고났지만 수없이 다양하다. 그러므로 세상에 똑같은 사람은 없다. 자연 사물도 또한 그러하다. 태어난 시간에 따라서 사주팔자를 말하기도 하고, 태어난 장소에 따른 땅의 기운을 논하기도 하고, 혈통에 따라서 유전인자의 특성을 말하기도 한다. 시간·공간·혈통에 따른 설명은 사람의 기본 구조를 이해하고 설명하는 과학적인 접근인 것만은 틀림이 없지만 같은 시간대, 같은 공간대, 같은 혈통에 따라서 태어난 사람이 왜 하늘과 땅처럼 현격한 차이를 보이는가에 대해서는 잘 설명하지 못한다. 운명론은 비록 사람의 기본 구조를 설명할 수는 있을지라도 모든 것을 설명해 줄 수는 없다.

사람은 시간·공간·유전자에 따라서 각기 다른 기운을 받고 태어났기 때문에 유한성에서 벗어나기 어렵다. 그렇지만 모든 시간, 모든 공간, 모든 유전자는 모두 하나의 마음과 하나의 기운에서부터 왔기 때문에 드러난 차이에도 불구하고 본래 하나다. 성인은 이 하나의 마음을 되찾은 사람이며, 하나의 기운에 통한 존재이다.

반면 특정한 시간, 특정한 공간, 특정한 혈통에 매인 사람은 평범한 세상 사람이다. 사람은 모두 유한한 존재로 태어났으므로 제각기 타고난 운명이 다르지만 마음공부를 통하여 유한성을 벗어난 무한 존재가 될 수 있다. 다시 말하자면 한울님의 하나의 이치 기운을 거느릴 수 있는 것이다. 그리 되면 사람은 자기 운명의 주인공이 되어 어디에도 매이지 않는 성인이 된다.

본래의 기운으로부터 옮기지 않는 것이 마음공부

태어난 시간대와 공간 그리고 혈통이 비록 내 존재를 결정짓는 원인이지만, 나는 마음을 통하여 시공간과 유전 인자를 내 마음대로 바꿀 수 있는 것이다. 이처럼 자신의 마음을 완전히 바꾸어 하늘 사람으로 거듭 태어나는 길이 동학·천도의 길이다. 그러한 사람들만이 새로운 문명을 열어갈 수 있다. 나의 본 마음은 하늘 마음이며 나의 본 기운은 하늘 기운이라는 이 진리로부터 한 발짝도 옮기지 않고(不移) 언제나 잊지 않음으로써 사람은 태어난 운명을 넘어서 자유의 왕국에 이르게 되는 것이다.

이 본래의 마음과 본래의 기운으로부터 옮기지 않는 것이 마음공부이다. 옮기지 않는 것은 각자가 알아서 해야 할 일이며, 결코 남이 대신해 줄 수 없다. 왜냐하면 옮기거나 번복하는 주체가 바로 '나' 자신이기 때문이다. 그러므로 모든 공부는 나로부터 시작되며 오직 나에게 달려 있을 뿐이다.

하늘을 원망하고 땅을 치며 통곡하는 사람들이 있으나, 모든 일들은 내 마음이 본 마음에서 옮기고 내 마음이 시간에 따라서 번복하기 때문에 세상의 길흉화복과 성쇠고락이 그 마음에 따라서 오고가게 된다. 하늘은 '나'의 마음에 따라서 그대로 반응하기 때문에 하늘을 원망하거나 찬양하는 대신 내 마음을 제대로 지켰는지를 생각하고 내 기운을 올바르게 하고 있는지를 살펴야 할 것이다. 그러므로 마음을 지키고 기운을 바르게 하는 것 이외에 다른 공부의 길이 있는 것이 아니다.

화 복 은 나 에 게 달 려 있 는 것 이 요

본래 길한 것도 없고 흉한 것도 없지만, 사람의 마음이 때로 좋은 것을 생각하니 길한 것이 나타나고, 사람이 마음이 때로 나쁜 것을 생각하니 흉한 것이 나타나게 되는 것이다. 하늘을 공경하고 사람을 공경하고 자연 사물을 공경하게 되면 하늘도 사람도 자연 사물도 모두 나에게 되돌려 주니 이것을 사람들은 '복福'이라 하고, 하늘을 업신여기고 자기를 주장하고 물욕으로 넘치면 하늘도 사람들도 물건도 나를 떠나니 이것을 '화禍'라고 한다. 화복은 나에게 달려 있는 것이요 밖에서 오는 것이 아니다.

한 세상을 살아가는 사람들이 각자 이 진리를 알아서 마음을 기둥처럼 굳세게 하여 옮기지 않는 것이 공부의 출발점이라 하겠다. 정하느냐 옮기느냐에 따라서 성인과 범인이 갈라지게 된다. 이 진리를 잊느냐 잊지 않느냐에 따라서 성인과 범인이 갈라지게 된다.

성 인 과 범 인 은 본 래 차 이 가 없 으 니

성인과 범인은 성심性心에서 평등하다. 남자와 여자도 성심에서 평등하다. 어른과 어린이도 성심에서는 평등하다. 겉모습은 다르지만 하늘 기운이 하늘 이치에 따라 하늘 재료로 만들어졌으니 모두가 똑같다. 그러면 성인은 어떻게 하여 성인이 되었는가? 성인은 경천순천하여 하늘에서 마음이 옮기지 않지만 범인은 이 자리에서 옮기므로 번성하고 쇠퇴하는 기복起伏의 기운 아래로 떨어지게 된다.

수운은 "군자의 덕은 기운이 바르고 마음이 정해져 있으므로 천지와 더불어 그 덕에 합하고 소인의 덕은 기운이 바르지 못하고 마음이 옮기므로 천지와 더불어 그 명에 어기나니, 이것이 성쇠의 이치가 아니겠는가."라고 하였다.

성인은 언제 어디서나 한울님으로부터 떨어지지 아니하고 늘 모시고 있으며, 평범한 사람은 하늘을 높은 곳에 모셔 두고 자신은 시궁창에 묻어 둔다. 성인은 자신을 한울님으로 공경하나 평범한 사람은 자신을 원죄인이나 업보의 노예로 천대한다. 모든 사람이 다 성인이 아닌 바 없지만 이처럼 마음을 쓰는 것이 달라서 성인과 범인이 갈라지게 되는 것이다.

내 마음이 어느 곳에 자리잡을 것인가는 내가 마음을 먹기 나름이다. 나는 나를 성인으로 생각할 수도 있고, 죄인이나 업의 결과로 생각할 수도 있다. 그러나 원죄와 업보를 주장하는 사람들은 생각마저도 원죄와 업보의 산물로 보기 때문에 좀처럼 자유로울 수 없다.

근대인은 자기 존재의 근거를 신이나 원죄에서 찾지 아니하고 자신의 생각에서 찾음으로써 원죄의 질곡으로부터 해방될 수 있었다. 그러나 그 해방은 불완전하여 아집에 사로잡히고 말았으니 아집을 해방시킬 수 있는 새로운 의식 혁명이 요청되고 있다. 모더니티 인간들이 그토록 존중하는 '나'라는 존재가 한울님임을 알게 될 때 사람은 비로소 아집으로부터 해방되어 자유롭게 된다. '본래의 나'는 영원과 무한이 무궁하게 들어올 수 있는 존재다. 마음이 본래의 영원하고 무한한 자리에서 옮겨 원죄와 업보에 머무는 한, 우리는 주인의 삶이 아닌 노예의 삶을 살게 된다. 그러나 성인은 그렇지 아니하여 자신의 삶을 자신이 산다.

세 상 에 도 , 생 각 에 도 , 신 에 게 도 구 속 되 지 않 는 다

우주는 보이는 한울님이고, 사람은 생각하는 한울님이고, 하늘은 보이지 않는 한울님이다. 그러므로 한울님에 통하게 되면 우주 만물과 사람 그리고 하늘에 통하게 된다. 통하면 하나가 되고, 하나가 되면 매이는 곳이 없게 되고, 매이는 곳이 없으므로 해탈이고 자유다. 세상에도 걸리지 않으며, 생각에도 얽매이지 않으며, 심지어 신에게까지 구속되지 않는다.

의암은 그 경지에 이른 사람은 희고 흰 얼음처럼 깨끗하고, 맑은 가을 하늘의 태양처럼 밝고, 높은 산 깊은 계곡을 흐르는 물처럼 투명하며, 우아하고 고결한 백학처럼 고상하다고 하였다. '본래의 나'를 찾은 사람은 우주를 자기의 뜻대로 하기 때문에 어떤 어려움도 없다. 하늘을 모시고 조화에 통하였으니 하늘보다 높고 자유자재로 조화를 운용한다.

장자는 이러한 경지를 어디에도 걸리지 않고 노니는 소요유逍遙遊라 하였고, 역易에서는 하늘·땅·사람에 걸림이 없는 대인大人의 경지라 하였다.

대인은 하늘과 더불어 그 덕에 합하고, 일월과 더불어 그 밝음에 합하고, 귀신과 더불어 그 길흉에 합한 사람이다. 대인은 하늘이 가는 길에서 벗어나지 않고 오로지 모든 존재들에게 봉사하며, 자연의 법칙에 두루 통하여 뭇 생명의 원천이 되며, 인간 만사의 길흉화복을 마음대로 할 수 있는 것이다. 그러므로 역의 점괘 가운데 최고의 괘는 대인을 만나는 것이다.

마음이 하자고 하는 대로 하여도 하늘의 법칙에 어기는 바도 없으려니와 자연이 운행하는 이치와도 합치된다. 공자의 어진 마음과 노자의 무위 자연을 대립시키려고 하나 '본래의 나'에게는 둘 다 똑같을 뿐이다.

어김없는 사계절의 순환은 변치 않는 자연의 법칙이며, 대인은 이것이 천주 조화의 자취임을 안다. 형상 있는 우주는 천주 조화의 드러난 모습이며,

이면에는 보이지 않는 천주 조화가 있다. 그러므로 자연을 떠나서 따로 한울님이 있지 않으며, 한울님을 떠나서 또한 자연이 있을 수 없다.

하늘 아버지를 성性이라 하였고 땅 어머니를 심心이라

해월은 천지부모로 신묘한 이치를 쉽게 설명하였다.

'나'는 하늘의 아들이며 동시에 부모의 아들이다. 부모에게 효도하는 것만으로는 부족하고 천지부모에까지 효도함으로써 사람은 생명의 은덕을 온전히 갚게 된다. 이것이 사람의 길이다.

그러나 육신의 부모는 밖에 계시지만 천지부모는 내 안에 계시기 때문에 천지부모에게 효도를 한다는 것은 내 안의 천주 조화를 굳게 믿어 의심하지 아니하고 오직 정성과 공경을 극진히 하는 것이다. 그렇지만 이미 부모는 천지와 하나이므로 부모에게 효도하는 것도 천지부모에게 효도하는 것과 동일한 것이다. 하늘이 열리고 조화에 통하니 사람은 사람이로되 세상 사람이 아니라 하늘 사람이다.

천지부모는 내 안에 있다. 의암은 하늘 아버지를 성性이라 하였고 땅 어머니를 심心이라 하였다. 성은 고요한 마음이며 심은 활동하는 마음이니 본래 둘이 아니다.

성품은 이치니 성리性理는 공공적적하여 가이 없고 양도 없으며 움직임도 없고 고요함도 없는 원소일 뿐이요, 마음은 기운이니 심기心氣는 원원충충하여 넓고 넓어 흘러 물결치며 움직이고 고요하고 변하고 화하는 것이 때에 맞지 아니함이 없는 것이니라. 이러므로 이 두 가지에 하나가 없으면 성품도 아니요 마음도 아니니라.

성품은 우주를 창조하는 원리이며 우주를 만드는 근본 원료이다. 마음은 우주를 태어나게 하는, 스스로 움직이는 기운이다. 그러므로 성품이 없어도 안 되며 기운이 없어도 안 된다. 둘 중 하나가 없으면 신도 없고 우주도 없다. 성품은 고요하고 비었지만 그곳으로부터 삼라만상이 나올 수 있는 것은 마음의 기운이 있기 때문이다. 이 없는 곳에서부터 삼라만상이 나오므로 불교에서는 진공묘유眞空妙有라 하였다. 고요하면서 움직이는 오묘한 자리를 합하고 나눌 수 있어야 모든 이치가 자명해진다.

의암은 고요하면서 창조하는 신묘한 마음을 "변하나 변치 아니하고, 움직이나 다시 고요하고, 고요하나 다시 움직인다."고 묘사하였다. 변하는 것은 기운이요, 변치 않는 것은 이치이다. 기운과 이치는 둘이면서 하나이다. 성품 이치는 우주 만물 안에 숨어 있는 달과 같고 마음은 우주 하늘을 밝히는 타오르는 불과 같다. 의암은 "그 성품은 달이 만경창파에 떨어져 숨은 것 같고, 그 마음은 불이 천리장풍에 일어나 타는 것 같다."고 하였다. 이치와 기운은 본래 하나의 양면이라 떼어 놓을 수 없다.

기 러 기 는 하 늘 을 날 지 만 자 취 를 남 기 지 않 으 며

해월은 "기운이 이치를 낳고 이치가 기운을 낳아 천지의 수를 이루고 만물의 이치가 되어 천지 대정수를 세운 것이니라."고 하였다. 천주는 본성으로 원리와 원소이며, 조화는 본심으로 창조의 힘이다. 사계절의 순환 속에 천주 조화가 있으며, 나를 낳아 준 부모에게 천주 조화가 있으며, 나의 성심에 또한 천주 조화가 있으니 하늘·땅·사람이 하나로 통한 것이다. 둘 사이의 관계를 설명하기 위하여 예로부터 "기러기는 하늘을 날지만 자취를 남기지 않으며, 배는 강물을 거슬러 올라가지만 흔적을 남기지 않으며, 도인은 강물을 건너지만 발이 물에 젖지 않는다."고 하였다.

이러한 마음의 경지와 관련된 재미난 이야기가 있다.

출가하여 세상 일을 잊고 자나깨나 신을 경배하는 위대한 수행자가 있었다. 이 독실한 수행자는 어느 날 스승에게 묻는다.

"저는 신을 한 번도 잊지 않고 잘 섬기므로 세상에서 가장 위대한 수행자가 아닙니까?"

다음 날 스승은 제자에게 이렇게 말했다.

"항아리에 물을 가득 채우고 한 방울도 흘리지 말고 번화한 시장을 한 바퀴 돌아 오라."

제자는 스승의 말씀대로 항아리에 물을 가득 채워 한 방울의 물도 흘리지 않도록 온 신경을 집중하여 무사히 소란스러운 시장을 돌아서 산으로 돌아왔다. 스승은 다시 제자에게 묻는다.

"그래 물 항아리를 이고 시내를 돌면서 신을 잊지 않았느냐?"

그러자 제자는 이렇게 대답했다.

"항아리의 물이 흔들리지 않도록 신경을 쓰느라 신을 생각할 겨를이 없었습니다."

한 나무에 꽃이 피니

성인聖人과 범인凡人은 똑같이 세상을 살아가지만 성인은 본래의 마음을 늘 잊지 않으면서 살아가며, 범인은 세상에 마음을 모두 빼앗기면서 살아간다.

한 나무에 꽃이 피니 꽃도 같은 색깔이요, 한 꼭지에 열매가 맺혔으니 열매 또한 같은 맛이라. 성품은 본래 한 근원이요, 마음은 본래 한 한울이요, 법은 본래 한 체이니 어찌 성인과 범인이 있으리오.

성인과 범인은 성품과 마음에서 본래 차이가 없건만 성인은 마음을 하늘에 정하여 흔들리지 않고 살아가고 범인은 세상이 흐르는 장단에 맞추어 마음이 흘러간다. 세상의 장단에 춤추지 않고 마음을 하늘에 정하게 되면 세상은 오직 하나의 색깔로 이루어졌음을 알게 된다.

초봄 목련이 피었다가 개나리가 필 즈음에는 희고 흰 목련꽃이 타원형을 그리면서 한 잎 한 잎 떨어지는데 모두가 희고 희다. 한여름 하늘 높이 수직으로 뻗은 기세 좋은 낙엽송의 가지마다 푸르고 푸른 가는 이파리가 바람에 떤다. 늦가을 낙엽 지는 계곡에는 맑고 맑은 강에 푸른 하늘이 웅덩이마다 가득하다. 한겨울 흰눈이 내려 지붕에도 마당에도 나무에도 온통 하얗고 또 하얗다. 천하가 한 색깔이니 어디가 강이고, 어디가 산이고, 어디가 길인지 모른다.

마음이 하나를 잃어버려 세상의 파도에 휩쓸리게 되면 부평초 신세를 면하게 어렵다. 움직이지 않는 대지에 뿌리를 내리지 못한 부평초는 세상의 파도에 휩쓸려 온갖 고초를 당하게 된다. 고통을 좋아하는 사람은 없지만 마음이 굳세지 못하여 세상과 더불어 흘러가니 고락의 파도가 쉬지 않고 몰아친다. 어떤 시인은 "행복이 그대의 침실에 와 있을 때 거실에는 불행이 이미 와 있다."고 하였다.

마음이 호수만 하다면 코끼리가 들어와도 파도가 일겠지만, 마음이 태평양만 하다면 항공모함이 들어와도 흔들림이 없다. 자신이 이미 지은 인과에 의하여 행복과 불행이 오는 것을 막을 길은 없지만, 마음이 하늘처럼 넓어지면 행복도 나를 울리지 못하고 슬픔도 나로 하여금 눈물을 흘리게 하지 못한다. 인과에 의하여 받아야 하는 즐거움과 슬픔으로부터 자유롭기를 원한다면 마음을 하늘처럼 무한대로 만들어야 할 것이다. 그렇게 되면 그 어떤 것도 마음의 고요한 평화를 방해할 수 없다.

범인은 마음의 변덕이 극심하여 오늘은 이런 마음으로 내일은 저런 마음으로, 여기에서는 이런 마음으로 저기에서는 저런 마음으로, 이 사람에게는 이런 마음으로 저 사람에게는 저런 마음으로 대한다. 상황에 따라서 마음이 수시로 바뀌면 인격의 통일성을 잃게 되고, 심하면 정신분열증이 된다. 정신이 분열되면 마음 기운이 약해져 진보가 아닌 퇴화의 길로 접어들게 된다. 그렇게 되면 몸은 건강을 잃게 되고, 마음은 불안하게 되고, 사람들과는 화목하게 지내지 못한다. 성인은 언제 어디서나 세상의 파도에 휩쓸리지 않고 고요한 마음을 잃지 않는다. 그러므로 의암은 다음처럼 말했다.

성인은 내 성품을 물들이지 아니하고, 내 마음을 변치 아니하고, 내 도를 게으르게 하지 않는지라, 마음을 쓰고 세상을 쓰는 데 하나라도 거리낌이 없으며, 마음을 가지고 도를 쓰는 데 선이 아니면 행치 아니하며, 바른 것이 아니면 쓰지 아니하며, 옳은 것이 아니면 행치 아니하며, 밝은 것이 아니면 하지 아니 하느니라.

정의가 강처럼 흐르고 어짊이 봄바람처럼 불어온다

성인은 하늘 성품을 거느려 세상의 어떤 티끌에도 물들지 아니하며 고요하고, 상황에 따라서 춤추는 변화하는 마음을 쓰지 않고 고요하고 변함없는 하늘 마음을 쓴다. 그리하여 세상에 정의가 강처럼 흐르고 어짊이 봄바람처럼 불어온다. 성인이 나면 황하수도 맑아지고 비와 바람도 순조롭다.

모든 종교인은 성인의 재림을 갈망하고 있다. 종교의 문화적 제약 때문에 표현은 다르지만 모두가 한결같이 바라는 것은 성인의 탄생이다. 기독교도들은 예수의 재림을 말하고, 불교도들은 미래불인 미륵불을 말하고, 이슬람교도들은 마호멧의 재림에 대비한다. 심지어 미신을 믿는 사람도 각각 미래의 성인을 제각각 이름을 붙여 성인의 강림을 갈망하고 있다.

그러나 소리도 없고, 흔적도 없고, 냄새도 없고, 형상도 없는 한울님이 이미 오셨음을 아는 자가 적다. 우리 안에 오신 성인을 세상 사람은 알아보지 못한다. 그렇지만 성인은 모든 인류가 꿈꾸는 그런 세상을 남몰래 이루어 놓고 아무도 몰래 본래의 고향으로 돌아간다. 그때 사람들은 얼핏이 알아내어 뒤늦게나마 성인의 흔적을 찾느라 분주해진다.

성인은 바람처럼 와서 지구상의 뭇 생명들에게 새로운 생명을 잉태시키곤 다시 바람처럼 사라져 버린다. 성인은 비구름처럼 왔다가 대지를 촉촉하게 적셔 주어 뭇 생명들에게 생명의 양식을 마련해 주고 서산으로 넘어간다. 그렇지만 성인은 온 적도 없고 간 적도 없다. 성인은 산소처럼 언제나 우리 곁에 있을 뿐만 아니라 내 안에 있어 일체 생명을 유지시켜 주고 보살펴 주고 계신다. 성인은 내 안의 나로서 태어난 적도 없고 죽은 적도 없이 영원히 나와 함께 한다.

성인은 무궁한 조화로 무궁한 가르침을 베풀지만 자취를 남기지 않기 때문에 종잡을 수 없다. 성인의 가르침은 신묘하여 이 길을 가면 이렇게 가르치고 저 길을 선택하면 저렇게 가르친다. 성인은 스스로 직접 가르치시기도 하며, 어린이의 목소리로 가르치기도 하며, 할머니 모습으로 가르치기도 하며, 소박한 사람의 모습으로 가르치기도 하며, 다정한 연인의 모습으로 가르치기도 한다.

성 인 의 덕 은 봄 날 의 햇 살 과 도 같 아 서

성인은 비단 사람의 모습으로만 가르치는 것이 아니라 때로는 동식물을 통하여, 때로는 구름을 통하여, 때로는 자연 사물을 통하여 가르치기도 한다. 그 조화가 무궁하여 배우고자 하는 사람에게는 성인은 무한히 가르침을 베푼다. 성인의 덕은 봄날의 햇살과도 같아서 만나는 사람마다 자신도 모르는 사이에 마음에 도의 싹이 자라난다.

지극한 도는 쉽고도 쉬우나 마음 열기가 쉽지 않다. 해월은 '세상 사람이 다 촉도蜀道가 험난하다고 이르나, 촉도가 험한 것이 아니라 사람의 마음 길이 더욱 험한 것'이라 하였다. 마음이 평안하면 험악한 산길도 고속도로고, 마음이 불안하면 경부 고속도로도 험난한 산길이다. 마음이 편안하면 발

끝 닿는 곳마다 평탄하여 나는 듯이 다닐 수 있지만 마음이 불편하면 발 닿는 곳마다 뾰족한 자갈길이어서 걸음마다 넘어진다. 마음이 편안하면 만나는 사람마다 거리낌이 없지만 마음이 불편하면 만나는 사람마다 까다롭다.

마음은 세상과 함께 돌아가지만 본래의 고요함을 잃지 않는다. 아무리 울퉁불퉁한 길을 가더라도 마음이 편안한 사람에게는 고속도로다. 이 고요한 마음이 기둥이 되어 우주의 집이 세워졌으며, 이 고요한 마음이 등불이 되어 도덕과 윤리가 밝혀졌다.

제 3 부 하나로 통함(會通)

내 한 기운은 천지 우주의 원기元氣와 한줄기로 서로 통했으며

내 한 마음은 조화귀신의 소사所事와 한 집의 활용이니

그러므로 하늘이 곧 나이며 내가 곧 하늘이라

그러므로 기운을 사납게 함은 하늘을 사납게 함이요

마음을 어지럽게 함은 하늘을 어지럽게 함이니라

우리 스승님께서 천지 우주의 절대원기와 절대성령을 체응하여

모든 일과 모든 이치의 근본을 처음으로 밝히시니

이것이 곧 천도이며 천도는 유·불·선의 본원이니라.

* * * 해월 * * *

제 7 장 간 것은 모두 돌아온다 (無 往 不 復)

보배로운 거울이 비고 비어

비치는 것을 머금고 걸려 있으니

능히 천지를 삼키고 능히 세상을 뱉는도다

다섯 자 못 미치는 피 한 덩어리에

우주를 다 실어도 걸음걸음 가볍더라

寶鏡虛虛含照懸

　能吞天地能吐世

五尺未滿血一塊

共載宇宙步步輕

* * *　의암

사 랑 이 라 해 도 좋 다

이 마음은 천지를 들이고 내는 것을 자유로이 하며 이 몸은 우주를 다 실어도 오히려 가볍다. 이 마음과 몸에 천지 우주가 다 들어와 있음을 알아 잘 지키는 사람이 드물다.

거울 자체는 물들거나 흔들리지 않으면서 사물을 있는 그대로 비춘다. 그렇기 때문에 예로부터 거울은 하늘 본성, 하늘 마음에 비유되곤 하였다. 마음의 고요한 본체는 흔들리지 아니하며, 물들지 아니하며, 태어나거나 죽지 아니한다. 동시에 마음의 활동하는 기운은 밖의 자극에 따라서 흔들리며, 밖의 색깔에 물들며, 태어났다가 죽는다. 마음의 본체를 흔히 성품이라 하고 마음의 활동을 흔히 조화 기운이라 한다. 이 둘은 어떤 경우에도 떨어질 수 없는 것은 거울이 만물을 비추는 작용을 하지만 거울 자체는 어떤 경우에도 물들지 않는 것과 같다.

거울이 있는 그대로를 비추듯이 하늘은 한치의 어김도 없어서 있는 그대로를 되돌려 주니 이것이 하늘을 두려워하는 이유다. 또한 사람을 대하고 사물을 접하는 데 있어서 오직 공경으로 대하라는 이유도 여기에 있다. 만약 내가 악하게 생각하고, 말하고, 행동하면 하늘은 어김없이 나에게 악하게 대하기 때문이다. 내가 선으로 대하면 하늘은 또한 선으로 대해 준다.

영성에는 시·공간이 없기 때문에 영적으로 나쁜 짓을 하게 되면 그 결과를 즉각적으로 받지만, 마음으로 선한 것을 생각하면 그 결과는 일정한 시간이 지난 후에야 나타날 것이다. 왜냐하면 마음은 시간과 관계를 맺고 있는 기운이기 때문이다. 몸으로 선한 일을 행하게 되면 마음으로 한 것보다 더 많은 시간이 지난 후에야 그 결과를 받을 것이다. 왜냐하면 물질은 시공간에 마음보다 더욱 강하게 매여 있기 때문이다. 원인과 결과가 이처럼 시간과 공간에 복잡하게 얽혀 있기 때문에 현재 일어나는 결과의 정확한 원인을 찾기란 매우 어렵다. 인과의 법칙을 헤아리기가 어렵기 때문에 사람들은 함부로 생각하고, 말하고, 행동한다.

사람들은 총이나 핵폭탄으로 원수를 죽여서 세상을 평화롭게 할 수 있다고 하지만, 내가 쏜 총알과 핵폭탄은 마치 거울에 반사되어 되돌아오는 레이저 광선처럼 나의 심장에 돌아와 박힌다. 그러므로 총으로는 세상에 평화를 이룩할 수 없으며 오직 일체 만물과 만인을 하늘로 공경하는 마음에 의해서만 평화를 건설할 수 있다고 하겠다. 종교적 편견에 사로잡히지 않는다면 이 공경의 마음을 어짊(仁)이라 해도 좋고, 자비라 해도 좋고, 천덕이라 해도 좋고, 사랑이라 해도 좋다.

보이지 않는 산들바람의 춤

　의암은 서로 사랑하면 그 사람이 하늘에 가서 영의 다리를 놓는다고 하였다. 해월은 공경하면 하늘이 나에게 내려오고, 사람들이 서로 화합하고, 물건이 모이게 된다고 하였다. 하늘은 우리들이 한 그대로를 되돌려 준다.

　수운은 "하늘이 강림하였다고 하는데 무엇을 깨달았느냐."는 제자들의 질문에 "가서 돌아오지 아니함이 없는 이치(無往不復之理)를 받았다."고 하였다. 무릇 간 것은 반드시 돌아온다. 하나의 먼지 티끌도 우주 전체의 인과 작용에 의하여 생겨난 것이다.

　오늘의 '나'는 억겁의 태초로부터의 진화 역사를 간직하고 있으며 우주적 연기망緣起網에 놓여 있다. 부모님은 진화의 역사를 유전자 정보에 축적하여 고스란히 나에게 전해 주었으며, 나 또한 그 정보를 자손에게 전해 줄 수 있다. 만약 유전자 정보를 완전히 파악하게 되면 우리는 지나온 우주의 역사를 재현할 수도 있을 것이다.

일부 신비주의자들은 아카샤Akasha로 불리는 정신체에 우주의 모든 기록이 하나도 빠짐없이 기록되어 있다고 주장한다.

하늘은 무한 용량의 하드 디스크와 같아서 우주에서 일어난 모든 일들을 있는 그대로 기록하고 있다. 그리하여 하늘에 접속만 할 수 있게 된다면 우리는 우주의 모든 정보를 알 수 있게 된다. 우주의 전체 역사가 고스란히 간직되어 있는 비밀의 도서관을 자유롭게 이용할 수 있는 것이다. 이때 모든 무지와 신비는 사라지고 오직 그렇고 그런 줄을 알게 된다. 그 아카샤는 창공에 있는 것이 아니라 내 마음에 있다. 의암은 이러한 마음을 여여심如如心이라 하였다.

왕양명은 모든 사물과 사태를 바로 보고 바로 듣는 마음자리를 역易의 '적연부동寂然不動 감이수통感而遂通'이라는 개념을 빌려 묘사하였다. 마음의 본체이면서 동시에 우주 만물의 본체인 그 자리는 고요하여 어떤 움직임도 없지만, 대상이 그 앞에 오게 되면 분명하게 느껴 통하여 정확하게 안다. 고요한 자리는 보이지도 않고 흔들리지도 않는 이理의 자리이며 성性의 자리이다. 그러나 느껴 통하는 자리는 기氣의 자리이며 감感의 자리이다. 마음이 완전한 고요에 들 때 비로소 어떤 대상도 정확하게 느끼어 완전히 통할 수 있다. 비고 빈 본성과 오고가는 인연을 이렇게 표현한 것이다. 고요한 자리가 있기 때문에 온 것은 반드시 가고 간 것은 반드시 돌아오는 것이다.

왕양명은 그 자리를 거울에 비유하여 아름다운 것이 오면 아름답게 비추고 미운 것이 오면 미운 대로 비춘다고 하였다. 의암도 비고 고요한 성性의 자리를, 모든 것을 있는 그대로 비추어 주는 거울에 비유했다.

마음이 흰 것을 구하면 흰 것으로 보이고, 붉은 것을 구하면 붉은 것으로 보이고, 푸른 것을 구하면 푸른 것으로 보이고, 노란 것을 구하면 노란 것으로 보이고, 검은 것을 구하면 검은 것으로 보이느니라.

거울과도 같은 하늘 마음이 열리게 되면 일용행사를 밝고 올바르게 하늘 마음에 따라서 처리할 수 있게 된다.

과연 이러한 마음을 평범한 사람도 수행을 통해 열 수 있는가? 다음의 이야기는 월산 김승복(천도교 정원포 도정) 선생에게 필자가 직접 들은 이야기이다.

나이가 지긋하신 한 남자가 천도교 화악산수도원에 오셔서 젊어서 돌아가신 사랑하는 부인을 한 번 보는 것이 유일한 소원이라고 간청했다고 한다. 선생님은 주문을 지극 정성으로 외게 되면 돌아가신 부인의 생전 모습을 그대로 볼 수 있다고 대답하였다고 하셨다.

이분은 7일간의 수련 기간 동안 정성을 다하여 주문을 외웠다. 그러자 4일째 되던 날 강령이 되면서 꿈에도 잊지 못했던 돌아가신 부인을 만나서 부인과 사별한 이후 쌓였던 그리움을 모두 풀었다고 하였다. 강령 상태에서 만난 부인은 돌아가기 이전의 생생한 모습 그대로 살아 있는 듯하였다고 하였다. 이렇게 하여 생을 마감하기 전에 부인을 다시 한 번 만나려는 그분의 간절한 소원이 이루어졌다.

태초부터의 모든 정보가 무한한 우주 마음에 다 기록이 되어

어떻게 하여 이러한 일이 일어날 수 있는가? 우주 마음에는 모든 것이 그대로 기록되어 있기 때문이다. 내 마음이 우주 마음과 소통하게 되면 원하는 무엇이든지 예전 모습 그대로 재현할 수 있는 것이다. 사라지는 것은 아무 것도 없다. 모든 것은 고스란히 간직되어 있다. 아득한 태초부터의 모든 정보가 무한한 우주 마음에 다 기록이 되어 있는 것이다. 그러므로 우주 마음과 하나가 된 사람은 모르는 것이 없을 뿐만 아니라 원하면 무엇이든지 다 꺼내볼 수도 있고, 들을 수도 있고, 쓸 수도 있는 것이다.

부처는 자신의 진리를 수레바퀴에 비유하여 설명하였다. 부처의 가르침을 원시 형태로 가장 잘 보존하고 있다고 하는 티벳의 사원 옥상에는 수레바퀴(法輪, Dharmacakra)가 세워져 있다. 수레바퀴의 중심은 공空을 상징하고 바퀴둘레는 색色 또는 연기緣起를 상징한다. 바퀴 둘레는 바퀴살로 모두 중심에 연결되어 있다. 이는 모든 색이 공에 걸려 있다는 사실을 상징한다. 여기에서 바라밀경의 색즉시공色卽是空 공즉시색空卽是色이라는 화두를 이해할 수 있다. 수레바퀴는 고요한 마음과 활동하는 마음의 관계를 뜻하는 것으로 볼 수 있다.

내 마음이 바퀴의 중심에서 움직이지 않는다면 비록 속세를 살더라도 세속에 물들지 않고 흔들리지 않고 살 수 있는 것이다. 마음의 이러한 경지는 흔히 먹어도 먹는 줄 모르고 살아도 사는 줄 모른다고 표현된다. 움직이지 않고 고요하고 적적한 이 자리는 우주 삼라만상의 오고 감을 관조하는 자리이기도 하다. 관조할 뿐만 아니라 삼라만상을 통제할 수 있는 자리다.

마음은 우주 중심에 이를 수 있다

마음이 주변의 둘레를 도는 한 중심에 이를 수 없다. 장자는 "아침에 피었다가 저녁에 지는 버섯은 초하루와 그믐을 알 수 없고, 여름 한 철을 사는 매미는 봄가을을 알 수가 없다."고 하여 인식의 한계를 지적하였다.

사람은 밤낮은 알지만 그것은 지구에서 일어나는 일일 뿐이며, 사계절은 알지만 그것은 태양을 한 바퀴 도는 것에 불과하다. 지구와 태양계는 은하계와 연결되어 있고, 은하계는 우주 전체와 연결되어 있다. 은하계의 순환이나 우주 전체의 순환을 알기에는 우리의 삶은 너무나 짧다.

우주 순환을 알기 위해서는 우주의 중심에 이르러야 한다. 몸은 우주 중심에 갈 수 없으나 마음은 우주 중심에 이를 수 있다. 마음이 순환의 굴레에서 벗어나 우주의 중심에 이르게 되면 가고 오는 일체의 순환을 바라볼 수 있으며, 알 수 있으며, 다스릴 수 있다. 그러면 일체의 인과를 바라보는 중심 자리는 어디에 있는가? 그 중심 자리가 내 안에 모셔져 있다는 것이 천도교의 핵심 주장이다.

세 가 지 인 과

　의암은 인과를 세 가지로 나누어 설명했다. 만상萬相의 인과와 화복禍福의 인과 그리고 만법萬法의 인과가 그것이다. 만상의 인과란 일체 행위의 인과이며, 화복의 인과란 마음으로 지은 온갖 원인에 따른 결과를 말하며, 만법萬法의 인과란 다양한 이치와 법칙들의 인과를 뜻한다. 이 셋을 모두 알게 되면 모든 것을 다 알게 된다고 하겠다.

　우주 만물의 근본 원리와 근본 원소는 본래 하나인데 왜 세 가지 성을 말하는가? 그것은 하나의 성을 세 방향에서 깨닫고 보기 때문이다. 이는 한울님이 모습을 드러낼 때 세 가지로 나타나기 때문이다. 인도에서는 일즉삼一卽三의 이치를 하나의 신상에 세 개의 머리를 만들어 표현하였다. 동학·천도에서는 천황·지황·인황으로 표현하고 성품을 원각성·비각성·혈각성으로 나누어 설명한다. 하나의 중심을 세 방향에서 나누어 차례대로 살펴보자.

　먼저 원각성圓覺性이란 우주의 근본 원리를 깨닫는 것으로 만법의 인과를 아는 것이다. 비각성比覺性은 근본 원소를 아는 것으로 만상의 인과를 깨닫는 것이다. 그리고 우주의 원리 원소는 똑같지만 마음 기운에 의하여 화禍와 복

福을 초래하므로 화복의 인과라 하였다.

우주 만물에서 변치 않는 한울님의 법을 보게 될 때 우리는 원만한 깨달음에 이르게 된다. 우주 만물을 이루는 궁극적 재료가 또한 한울님임을 알게 될 때 우리는 비각성에 이르게 된다. 그러나 이치와 재료는 마음 기운을 만나서 비로소 운동력을 갖게 되어 길흉화복吉凶禍福이 나타나게 되는데 그 궁극 원인이 마음에 달려 있음을 아는 것을 혈각성血覺性이라 한다.

이 세 가지의 인과를 알게 된다면 천지인天地人 삼재에 통하게 되므로, 우리들이 공부할 세 과목이다. 이 셋을 다 알게 되면 모든 것을 다 알게 된다. 그리 되면 일체의 의심이 사라지고 인과에 대한 어떤 질문이 오더라도 즉각적으로 대답이 나오게 된다.

의암이 성품을 세 갈래로 설명한 것은 수운이 「논학문」에서 학문의 대상을 하늘, 땅, 사람 셋으로 말한 것과 같다.

하늘은 오행의 벼리가 되고 땅은 오행의 바탕이 되고 사람은 오행의 기운이 되었으니, 천·지·인 삼재의 수를 여기에서 볼 수 있느니라.

우주 만물은 오행으로 생겨났으며, 하늘이란 이 오행이 걸려 있는 벼리이며, 땅은 오행의 바탕 재료이며, 사람은 오행의 기운이라 하였다.

원각성은 오행의 벼리를 아는 것이며, 비각성은 오행의 바탕 재료를 아는 것이며, 혈각성은 오행의 기운을 아는 것이라 하겠다. 세 가지 성을 깨닫게 된다면 우주 창조의 인과의 비밀에 이르게 되므로 한울님의 창조의 비밀을 사람이 알게 되어 우주 만물의 창조와 변화에 참여하게 된다. 뿐만 아니라 하늘의 조화 권능을 사람이 갖게 된다. 이를 조화가 자리잡았다고(造化定) 한다.

동 서 남 북 중 앙 에 다 마 음 심 자 기 둥 하 여

의암은 실제로 한울님의 창조와 변화의 현장 목격담을 꿈을 빌어 상세하게 묘사하고 있다. 여기서는 단지 의암의 생생한 현장 묘사를 보는 것으로 대신한다. 왜냐하면 아무리 세세히 설명한들, 생명 창조의 생생함은 느껴지지 않고 오히려 빈 곳에서 유형의 세계가 태어나는 현묘함을 다칠 뿐이기 때문이다. 의암은 시공간과 사람의 창조 과정을 다음처럼 그려내고 있다.

북방수기北方水氣 일어나며 사방으로 점點을 치고 청홍단색靑紅丹色 고운실로 팔방에다 줄을 매고 동서남북 중앙에다 마음 심(心) 자 기둥하여 한데 매어 세워 놓고 태극도太極圖로 돌려내니 궁을체격弓乙體格 분명하다 일년 삼백육십일과 일일 십이 열두 시각 동서남북 이십사방二十四方 방위대로 돌려가니 천지도수天地度數 분명하다 일월정기日月精氣 모아들어 태음태양太陰太陽 눈이 되고 청풍정기淸風精氣 모두 모아 정신으로 귀가 되고 동서남북 사지四肢 되고 오색 단청丹靑 고운 물로 피육골격皮肉骨格 갖추어서 사람 형상 완연하다.

의암은 보는 듯이 생명 형성의 현장을 묘사하고 있다. 생명 창조의 현장감을 느끼는 것만으로 충분하며, 중요한 것은 이 만물 창조의 근원이 천주 조화라는 그 근본을 잊지 않는 것이다. 근본을 잊지 않고 간직할 때 우리는 언젠가 생생한 생명 창조의 현장을 마음의 눈으로 목격할 수 있을 것이다. 생명 창조를 눈으로 감상하는 데 그치는 것이 아니라 하늘의 창조와 변화 능력을 사람이 받아서 무궁하게 사용할 수 있으니 이보다 큰 축복은 없다고 하겠다.

"사람이 하늘이다."라는 명제에는 "사람은 하늘이 하는 것을 똑같이 행할 수 있다."라는 의미가 내포되어 있다. 어떤 사람들은 사람이 하늘과 똑같은 능력을 행사하는 것을 매우 걱정하기도 한다. 그러나 하늘이 된 사람은 하늘의 뜻에 따라 행동하기 때문에 오직 사람과 동식물 그리고 자연 만물을 이롭게 할 뿐이며 결코 해를 끼치지 않는다. 이미 하늘이 된 사람은 더 이상 세상 사람처럼 마음을 쓰지 아니하기 때문에 신선이니 도인이니 대인이니 하는 것이다.

하늘이 하늘 되었을 뿐

  사람은 어떻게 본래의 나를 깨달아 신선이 되고, 성인이 되고, 도인이 되는가? 이를 이해하기 위해서는 우리는 사람의 본래 성품이 무엇인지를 알아야 한다. 의암의 성심론性心論을 들여다보면 이 문제를 이해할 수 있다.

  의암은 성性을 '원리원소原理原素'로 정의한다. 성이 원리라는 것은 성이 곧 우주 만물을 이룬 근원적 이치이자 법칙이라는 것이다. 원리로서의 성은 성리학의 근본 명제였다. 그러나 원소로서의 성에 대해서는 아무도 이야기한 바 없다. 의암이 처음으로 말했다. 원소로서의 성은 성이 곧 우주 만물을 이룬 근본 재료라는 뜻이다. 즉, 우주 만물은 원소로서의 한울님을 재료로 하여 이치로서의 한울님의 프로그램에 따라서 만들어졌다는 것이다. 그렇기 때문에 자연 사물을 분석하여 그 궁극에 이르게 되면 우리는 원리와 원소로서의 한울님을 만나게 될 것이다. 신선, 성인, 도인, 대인 등은 바로 원리와 원소의 자기 성품을 자기의 마음으로 깨달은 사람이라 하겠다.

재료와 만드는 이치가 있더라도 누군가 힘을 사용하지 않으면 아무 것도 만들 수 없다. 재료를 묶어서 창조하는 힘을 혼원일기渾元一氣, 조화造化, 마음이라고 한다. 여기에서 조화의 기운은 하나의 재료를 원리에 따라서 다양하게 만드는 창조와 변화의 힘이다. 조화의 기운에 의하여 최초의 창조가 일어나 비로소 움직이기 시작하여 다양한 삼라만상이 발생하게 되었다. 그러므로 창조와 변화의 기운이 곧 성을 재료로 하여 성의 이치에 따라서 만들어 낸 것이 우주 만물이다.

조화의 힘이 미치지 못하는 곳은 원리 원소로 무형으로 있어 오직 공공적적空空寂寂한 고요의 세계일 뿐이다. 반면 조화의 힘이 미치는 곳은 현란하고 다양한 우주 만물이 활동하는 세계이다. 그러므로 우주에는 고요한 세계와 움직이는 세계가 있다.

고요하여 움직임이 없는 세계를 불교에서는 니르바나Nirvana라고 하며, 요가 철학에서는 니르구나 브라마Nirguna Brahma라고 한다. 의암은 이 경지를 공공적적한 무형천無形天이라 하였다. 움직이지 않는 고요의 바다를 묶어 내어 형형색색의 유형의 만물로 만들어 내는 근원적인 힘이 혼원일기이다. 혼원일기는 음과 양을 관통하고 통제하는 하나의 기운이다.

무형의 고요한 성품을 기운으로 묶어서 유형의 우주로 만드는 힘을 의암은 혼원일기라고 하는 대신 심心이라 하여 완전히 내면화한다. 마음은 기운이고, 이때 의암이 말하는 마음은 일반적인 마음이 아니라 하나의 우주 기운에 통한 마음이라 하겠다. 의암은 우주의 혼원일기를 마음으로 내면화하여 우주 창조와 변화가 내 마음에 의하여 이루어지는 것으로 보았다. 한울님이 하는 조화를 내 마음이 하게 된 것이다. 이를 위해서는 한울님의 지극한 기운과 소통해야 한다.

그 하나의 기운을 자신의 기운으로 온전히 받아내는 것을 강령降靈이라한다. 강령이란 지극한 우주의 한 기운과 나의 기운이 한 줄기로 통하는 것을 뜻한다. 그리하여 완전히 소통했음을 증명하는 인증서가 영부靈符이다. 따라서 영부를 받게 되면 마음으로 천지 조화를 부릴 수 있게 된다. 이렇게 영부심靈符心을 얻게 되면 내 안에 하늘의 재료와 하늘의 법칙을 구비하였으므로 내 마음에 따라서 우주를 창조하고 변화시키는 일만 남게 되었다.

영부를 받은 사람은 현대 의학으로는 치료할 수 없는 병들도 치료할 수 있게 되고 신비한 신통력도 부릴 수 있게 된다. 필자도 실제로 영부를 통하여 질병을 치료하고 신통력을 행하는 사람들을 적지 않게 보았다.

옷과 두건이 젖지 아니하였으며

수운은 한울님의 조화를 받아 '자아시 있던 신병 물약자효勿藥自效' 되었다고 하여 자신의 질병을 치료했을 뿐만 아니라 '허다한 세상 악질 물약자효 되었으니'라고 하여 세상의 질병도 또한 약을 쓰지 않고도 고쳤다고 하였다. 병이 생겨난 원인이 있다면 병이 낫는 방법도 있을 것이다. 질병을 생기게 하는 마음을 버리고 병을 낫게 하는 마음을 키운다면 질병은 자연히 없어지게 된다. 그러므로 해월은 "만약 마음을 다스리어 심화기화가 되면 냉수라도 약으로써 복용하지 않느니라."고 하였다. 질병을 생기게 하고 질병을 치료하게 하는 것이 마음으로부터 왔으니 마음을 다스리면 만병으로부터 자유롭게 된다고 하겠다. 그렇지만 해월은 이러한 조화 능력의 사용을 경계했다.

내가 독실히 공부할 때에 억수같이 내리는 비 가운데서도 옷과 두건이 젖지 아니하였으며, 능히 구십 리 밖에 있는 사람을 보았으며 또 능히 바르지 못한 기운을 그치었으며 조화를 썼으나 지금은 조금도 돌아보지 않고 끊었노라. 원래 이것들은 다 작은 일이요 결코 대도의 바른 도리가 아니니라. 그러므로 대신사께서 조화를 쓰지 아니하심도 또한 이에 원인한 바니라.

조화 능력은 한울님의 작은 능력일 뿐이며 하늘의 대도는 아니라는 것이다. 즉 대도의 근본이 아니라는 뜻이다. 조화 능력은 대도의 근본으로 나아가면서 만나는 자연스러운 경계이지만 이러한 경계에 빠져 근본으로 나아가지 못하는 것을 우려하여 조화를 끊었다는 것이다.

신통력과 관련된 재미난 이야기가 있다. 10년을 공부하여 물 위를 걷는 신통력을 얻은 어떤 수행자가 사람들에게 이를 자랑하기 위하여 걸어서 강을 건넜다고 한다. 이를 본 친구가 그 수행자에게 "자네의 10년 공부는 몇 푼의 배삿에 불과하구만."하였다고 한다.

　해월은 세상 사람들이 제갈량과 강태공이 도통하였다고 하지만 약간 마음이 열린 것에 불과하며 도통이란 역易의 묘사처럼 천지·귀신·음양·일월과 함께 움직이는 경지라 하였다.

　동학·천도는 모든 사람들로 하여금 자신의 주인공이 되어 자신의 질병을 자신이 고치고, 나라의 질병을 국민들이 고치고, 인류의 질병을 인류가 고칠 수 있는 대도를 밝히는 것이라고 하겠다. 그리하여 모든 사람들에게 하늘 길을 열어 주어 모두가 손에 손을 잡고 다함께 걷기를 바라는 것이다. 이러한 세상을 후천개벽이라 하며 지상천국이라 한다.

　인과를 말하면 우리들 대부분은 불교의 인연因緣과 연기緣起를 떠올리면서 이내 전생과 후생의 이야기를 한다. 또는 사주팔자를 운운하면서 운명을 이야기한다. 인류는 오랫동안 이 잘못된 생각의 노예가 되어 해탈을 얻지 못하고 같은 자리를 맴돌고 있다. 그러나 동학의 인과론은 모든 개체 존재가 한울님이라는 벼리에 연결된 위대한 존재라는 사실을 말하기 위함이지 개체 존재의 전생이나 후생 또는 운명을 말하기 위함이 아니다.

커튼 뒤에서 우리를 조종하는 것이 아니라

모든 개체 존재는 보이지 않는 줄과 기운에 의하여 한울님과 연결되어 있다. 의암은 '만물에 한결같이 정밀한 줄과 묘한 이치의 기맥을 드리워' 있다고 하였다. 한울님은 보이지 않는 줄과 기맥氣脈을 통하여 모든 개체 존재들은 움직인다. 물론 한울님은 인형놀이처럼 커튼 뒤에서 우리를 조종하는 것이 아니라 우리들 내면의 가장 깊숙한 곳에서 우리들을 움직이고 있다.

내면의 가장 깊은 곳에는 태어난 적도 없고 죽은 적도 없는 영원한 '본래의 나'가 존재하고 있다. 이 '본래의 나'에게는 전생도 없고 후생도 없으며, 사주팔자도 없으며, 운명도 없다. 태어난 적이 없으니 죽을 일이 어디 있으며 다시 태어날 일은 또 어디에 있겠는가? 사주팔자나 운명은 태어난 시간, 날짜, 연도, 십이간지에 따라서 나오는 것이지만 태어난 적이 없는 무한 존재에게는 탄생의 시간도 없으며 죽는 시간도 없다. 본래의 나에게는 생일도 없으며 제삿날도 없다. 이것이 실상이며 윤회와 원죄는 허상에 불과하다. 허상에서 벗어나는 것이 깨달음이다.

전생, 현생, 내생이라는 것은 개체 영靈에 매달려 있을 때 나타나는 것들이다. 개체 영이 본래 비어서 없다는 점을 안다면 윤회도 없고 운명도 없다는 사실이 자명해진다. 윤회가 있으려면 개체 영이 있어야 하는데 영은 본래 하나이기 때문에 가는 것도 없고 오는 것도 없으며 탄생한 적도 없으며 죽은 적도 없다. 영은 우주에 꽉 차서 오고 싶어도 올 수 없고 가고 싶어도 갈 수가 없다. 태어나려 하여도 태어날 수 없고 죽으려 하여도 죽을 수 없다. 나가려고 해도 밖이 없으니 나갈 수가 없고 들어오려고 해도 안이 없으니 들어올 수도 없다. 영에는 나고 죽고 들고 나는 것이 없다.

영 적 앎 에 는 시 간 이 없 다

영적 앎에는 시간이 없다. 그러므로 영이 열린 사람은 이곳에서 일어나는 일을 저곳에서 즉각적으로 안다. 영적인 앎은 동시발생적인 것이다. 초당 30만 킬로미터밖에 못 가는 빛이지만 만약 우리가 빛의 속도로 갈 수만 있다면 시간이 정지하고 몸은 늙지 않게 된다. 빛의 속도로 움직이게 되면 우리의 눈에는 아무 것도 보이지 않게 된다. 그러나 아인슈타인에 의하면 물질을 빛의 속도로 보내게 되면 에너지로 바뀌게 되기 때문에 광속 여행을 하려면 몸의 해체를 각오해야 한다. 그런데 이렇게 빠른 빛이라도 영성 안에서 움직일 뿐이다. 그러므로 세상에서 가장 빠른 것이 영성이다.

영성 안에 시간이 있으며 영성에서 볼 때 우주의 모든 일은 동시적으로 진행된다. 영성에는 속도가 없기 때문에 우주 안의 모든 일들이 동시적으로 일어난다. 그렇기 때문에 영성을 어떤 경우에도 보거나 듣거나 느낄 수 없다. 영성 자체가 되지 않고서는 영성을 알 수 없다. 그러나 영성이 되어버리면 영성은 둘이 아니기 때문에 앎이라는 상대적 지식 현상은 일어날 수 없다. 영성을 말한다거나 안다거나 생각한다거나 하는 일은 일어나지 못한다. 영성은 본래 하나이며 본래 하나인 영성에는 시공간이 없으므로 영성적 존재에게는 전생, 현생, 후생이라는 이야기는 허황된 이야기이다. 따라서 영에게 개체성이 있다는 이야기는 허황된 이야기임을 알 수 있다.

한울님은 올바로 보고 올바로 듣는다

제법무아諸法無我, 제행무상諸行無常인데 전생은 무엇이고 후생은 무엇인가? 그러므로 윤회는 아상我相이 만들어 낸 허상이다. 죽어서 천당에 간다거나 지옥에 간다거나 하는 이야기도 똑같다. 모두가 개체 영의 허상에 사로잡힌 이야기들이다. 영성은 하늘로서 본래부터 영원하여 오고 가는 것이 없는 존재인데 죽어서 어디를 간다는 이야기는 모두가 개체성에 사로잡혀 있는 마음이 꾸며낸 환영이다.

영성에 이를 때 천국의 유혹과 지옥의 공포로부터 해방되어 마음은 영원한 편안함을 느낄 수 있다. 그것이 곧 천국이고 극락이다. 이 자리에서 모든 인과를 비추어 준다. 이 자리에 이르러야 비로소 가서 돌아오지 아니하는 것이 없다는 인과의 순환을 오롯이 알게 된다. 거울 자체가 되어 오고 가는 모든 것을 정확하게 비춘다. 한울님은 올바로 보고 올바로 듣는다(正示正聞).

모든 개체는 태어난 시간이 있으며 시간의 질서는 다양성을 만들어 낸다. 시간에 따른 기운의 다양성은 개체의 특성을 좌우하여 운명을 결정한다고 한다. 모든 개체 존재들이 태어난 시간, 월, 연도, 십이간지에 따라서 영향을 받지 않을 수 없기 때문에 모든 개체성은 필연적 운명을 가지고 태어난다고도 할 수 있다.

이는 개체가 피할 수 없는 운명이다. 그러나 이러한 운명 또한 개체에 매여 있는 것이며 '본래의 나'에게는 결코 어떤 운명도 자리할 수 없다. 개체성은 육신의 특성이지 본래의 마음이나 영성에는 개체성이 없기 때문에 '본래의 나'는 운명으로부터 자유롭다. 그러므로 개체적 몸을 떠나 영원한 영성에 이른 사람은 개체성을 비워 버렸기 때문에 운명이 매달릴 곳이 없어 해탈에 이른다. 해탈이 되어야 자유롭다.

개체성이 비었다는 사실을 알게 되면 영원한 하늘을 만나게 된다. 이때 사람은 하늘과 똑같이 된다. 사람이 하늘이 되는 것은 깨달음이며 해탈이며 자유다. 전생이나 운명 또는 원죄는 빈 창공에 그린 상상의 그림일 뿐이다. 빈 창공에 매달린 물건은 없다. 허황된 꿈에서 벗어나 정정당당히 진리 본체와 직면하자.

제 8 장 사람이 하늘이다

사람이 바로 하늘이요

하늘이 바로 사람이니

사람 밖에 하늘이 없고

하늘 밖에 사람이 없느니라

人是天 天是人 人外無天 天外無人

* * * 해월

하늘은 물에도 젖지 않고, 불에도 타지 않는다

이 우주를 창조하고 변화시키는 힘을 조화 기운이라 한다. 그 기운을 지기至氣라고도 하며 혼원일기渾元一氣라고도 한다. 지극한 하나의 기운이 음양으로 갈려 둘이 서로 조화를 이룰 때 수많은 다양한 생명체들이 탄생한다. 그러므로 모든 생명체는 음양 조화의 산물이다.

음양이 한 단계 더 구체화되면 오행으로 나타난다. 흙(土)이 중심을 차지하고 수화목금水火木金의 기운이 조화롭게 상호 작용하여 생명이 탄생하고 유지된다. 물(水)은 모든 생명의 뿌리이다. 반면 불(火)은 생명 활동의 근원이다. 일체의 활동이 불에서 나오며 성장의 극치이다. 나무(木)는 성장하는 힘이며, 하나의 물에서 다양한 생명 활동이 터져 나오도록 하는 힘이다. 쇠(金)는 활발했던 생명력을 압축하여 결실시키는 힘이다. 이 네 가지 기운 활동의 중심에 흙(土)이 자리하고 있다.

다섯 가지 기운의 상호 조화는 생명의 근본이다. 부조화에서 질병이 오므로 무엇과 무엇이 부조화인지를 밝혀 강한 기운은 눌러 주고 약한 기운은 보완하여 상호 조화를 되찾게 되면 생명은 원래의 활력을 드러낸다.

생명체에만 오행이 작용하는 것이 아니라 무생명체도 오행의 힘에 의하여 유지되고 있다. 원심력과 구심력의 조화에 의하여 지구는 태양의 둘레를 돌고, 달은 지구의 둘레를 돌고, 전자는 핵을 중심으로 돈다. 중요한 것은 음양오행이 한울님의 조화 기운이라는 사실이다.

하늘과 하나가 된다는 것은 사람이 하늘의 무궁한 덕과 합하게 되고 하늘 마음과 하나가 되는 것이라고 수운은 풀이하였다. 그렇게 되면 사람이 하늘의 덕을 베풀고 하늘 마음을 쓸 수 있게 된다. 천인합일天人合一이며, 범아일여梵我一如이다. 한울님의 무위이화無爲而化의 조화에 자리잡아 흔들리지 않고 딱 정定하게 된다. 하늘과 사람이 하나가 되는 것이다.

해월은 '무위이화는 사람이 만물과 더불어 천도 천리에 순응하는 우주 만유의 참된 모습'이라고 하였다. 자연 사물은 하늘의 뜻에 따라서 정확하게 움직인다. 자연은 하늘의 명령을 어길 수 없다.

사람이 하늘 사람이 되면 자연 조화의 힘을 행사할 수 있게 된다. 그리하여 하늘 사람은 물을 위로 올릴 수도 있고 불을 아래로 내릴 수도 있는 힘을 가지게 된다. 물과 불을 자유롭게 운용할 줄 아는 사람만이 물을 위로 올리고 불을 아래로 내려(水乘火降) 새로운 창조를 할 수 있다.

인체에서 물 기운은 신장이 관장하고 불기운은 심장이 관장하지만 수행을 통하여 물 기운을 위로 올리고 불 기운을 아래로 내리는 수승화강水乘火降은 구도자들의 기본적인 수행법이다. 수승화강하여 물과 불이 자리를 바꿔 서로 통하게 되면 이른바 음양을 자유자재로 통제할 수 있는 능력이 생기게 된다. 이렇게 되면 이 사람은 자연의 힘으로부터 자유롭게 된다. 하늘은 불에도 타지 않고 물에도 젖지 않듯이 하늘 사람은 불로부터도 자유롭고 물로부터도 자유롭게 된다. 그리하여 두 힘을 거느리게 되는 것이다.

자연은 하늘의 길을 걷고 있다. 자연 안에 내재된 길을 이理라 한다. 이理의 개념에는 결이라는 뜻이 있다. 자연 사물에 새겨진 결을 파악하게 되면 사람은 자연 사물을 쉽게 다룰 수 있다. 사람이 자연 사물의 결을 느껴 알아 자연과 조화롭게 살아가는 것이 무위이화無爲而化라 하겠다. 풍수지리는 자연의 숨결과 사람의 삶이 조화를 이루게 하는 과학이다.

노장의 도법자연道法自然은 사람의 삶을 자연의 결에 맞추려는 철학이다. 그러나 노장은 지나치게 자연에 치우쳐서 사람이 자연보다 더 자연스러워질 수 있다는 점에는 크게 주목하지 않았다. 사람은 자연의 숨결과 하나가 될 수 있다. 그렇기 때문에 인륜의 인仁을 강조하는 유가와 자연의 무위無爲를 강조하는 노장이 대립되었으나 동학에 이르러 마침내 공자의 인과 노장의 무위이화가 둘이 아니라는 진리를 밝히게 되었다.

동학의 무위이화는 자연과 사람의 조화이지 결코 자연 숭배주의는 아니다. 노장은 도를 자연에서 배우자고 하지만 동학에서 무위이화는 사람이 한울님의 기운과 소통하게 되면 자연보다도 오히려 더 자연스럽게 될 수 있다는 말이다. 사람은 자연처럼 지공무사至公無私한 마음으로 움직일 수 있다. 사계절에 따라서 비, 이슬, 서리, 눈을 내려 주는 자연처럼 사람도 하늘의 덕을 베풀 수 있다.

사람은 어떤 사사로움도 없이 한울님의 뜻과 기운에 어긋나지 않게 생각하고 말하고 행동할 수 있다. 나 하나만 그러한 것이 아니라 가정, 사회, 국가, 세계를 그렇게 만들 수 있다. 먼저 우리나라부터 한울님의 무위이화를 사람들이 몸과 마음으로 익혀 새로운 문명을 건설한다고 수운은 말한다.

개벽시 국초일을 만지장서 나리시고 십이제국 다 버리고 아국운수 먼저 하네.

후천개벽으로 지상천국을 건설한다는 것이다. 이곳에서 도는 하늘 길이
며 덕은 하늘 덕이며 사람은 하늘 사람이며 세상은 하늘 세상이다.

사람은 자연의 일부이면서 동시에 자연을 초월하는 존재이다. 이 점이
명확해지면 진화론과 창조론의 대립도 일어나지 않는다. 모든 자연 사물과
사람은 예외 없이 음 기운과 양 기운의 상호 작용에 의하여 탄생하였다. 사람
은 부모의 유전자에 의하여 태어났다. 이 점에서 진화론을 부인할 수 없다.
그러나 정자와 난자의 결합만으로는 생명이 태어날 수 없으며 반드시 한울
님의 기운이 들어와야만 포태가 된다.

생명이 탄생하기 위해서는 보이는 정자와 난자의 결합도 있어야 하지만
보이지 않는 한울님의 기운이 내려와야 가능한 것이다. 그러므로 사람은 모
두 한울님이 만들었다는 창조론도 이해할 수 있다. 특정 종교에서 주장하는
것처럼 태초에 한울님이 새 사람을 창조하였다는 것이 아니라 생명이 탄생
하기 위해서는 언제 어디서나 한울님의 기운이 작용해야 한다. 진화론과 창
조론의 대립은 중中에 이르지 못한 견해이다.

마음이 바뀌면 몸도 바뀐다

오늘날 현생 인류는 네안데르탈인으로부터 크로마뇽인을 거쳐 진화한 것으로 이해되고 있다. 네안데르탈인과 호모사피엔스는 약 4만 년에서 3만 5천 년 전 유럽 대륙에서 같은 시기를 겹쳐서 살았다고 하는데, 이들간에는 유전자 특성이 달라서 교배가 이루어지지 않았다고 한다. 왜 그랬을까? 현생 인류의 생각하는 마음이 유전자 구조를 바꾸어 버렸기 때문이다.

마음이 바뀌면 몸도 바뀐다. 몸과 마음은 언제나 함께 간다. 진화론과 창조론은 언제나 함께 가는 것이지 모순·대립의 관계로 볼 수 없다. 진화론은 보이는 세계의 인과론에 주목하지만 창조론은 보이지 않는 세계의 간섭을 중시한다. 이 문제는 불연기연의 논리로 이해하면 쉽게 알 수 있다.

해월의 표현을 빌리자면 사람은 부모의 자식이면서 동시에 한울님의 자식이다. 부모에게 이미 천지가 있고, 천지가 부모이니 둘을 갈라 놓을 수 없다는 것이다. 양 극단으로 치달아 서로를 주장하는 견해는 중中에 이르지 못한 탓이다. 부모가 곧 천지이며, 천지가 곧 부모이기 때문에 천지부모天地父母는 떼어 놓을 수 없다. 나를 낳아 준 사람은 부모이며 동시에 천지이다. 천지

부모라는 것은 내가 곧 한울님의 자식이라는 뜻이다. 자신만 알던 동물이 어느 날 자신을 낳아 준 부모를 알게 되면서 사람이 되었듯이 한울님이 나를 낳아 주신 참 부모임을 알면서 사람은 하늘 사람이 된다.

한울님은 창조하고 진화한다

새로운 생각은 동물을 사람으로, 사람을 한울님으로 만든다. 새로운 생각이 인간을 창조한 것이다. 창조론자들은 어느 역사적 시점에 어떤 절대자가 인간을 만들어 냈다고 생각하지만 동학·천도의 진화적 창조론 또는 창조적 진화론은 지금 이 순간에도 지속되고 있는 한울님의 창조 활동과 간섭과 명령으로 사람들이 살아가고 있다는 사실을 자각한다. 사람은 천지가 자신을 창조한 참 부모임을 알게 될 때 참 사람이 된다고 하겠다. 그러나 천지는 부모를 떠나서 따로 있는 것이 아니므로 부모를 천지와 똑같이 모시는 것이 또한 참 사람의 도리이다.

이 점이 명확해지지 않으면 영원한 논쟁만 있을 뿐이다. 논쟁이 문제를 해결해 주는 것이 아니라 논쟁을 통하여 고정관념이 깨어지면서 새로운 경지가 열려 문제가 해결되는 것이다. 그러므로 새로운 차원의 마음으로 비약하지 않는 논쟁은 무의미하다.

마치 예수가 사람의 아들이면서 하나님의 아들임을 주장하듯이 모든 사람들은 사람의 아들이면서 한울님의 아들이다. 그러나 한울님은 내 안의 가장 깊은 곳에 계시고 형상도 없고 소리도 없기 때문에 알기 어려울 뿐이다.

한울님은 음양 기운을 통하여 만물을 창조한다. 음양 기운은 한울님의 섭리를 받들어 한울님을 재료로 하여 삼라만상을 빚어냈다. 그러므로 한울님은 창조의 섭리이자 재료이며 진화의 기운이다. 한울님은 음양을 창조하였고 음양은 만물을 창조하였다. 그러나 만물을 떠나서 음양이 따로 있지 아니하며 음양을 떠나서 한울님이 다른 곳에 있는 것이 아니다. 한울님은 스스로 음양으로 변화하여 만물로 나타나신 것이다.

한울님은 창조하고 진화한다. 한울님은 만물을 창조하고 도리어 그 피조물 안에 들어가 스스로 진화하고 계시는 것이다. 피조물이라 하지만 실상은 한울님이 자기 모습을 구체화하여 드러낸 것일 뿐이다. 자신의 몸을 스스로 묶어 형상화한 것이다.

창조는 0과 1의 놀이

디지털에 비유해 보면 우주 창조를 한결 쉽게 이해할 수 있다. 디지털 전자 기기는 온갖 가지 영상과 소리를 창조해 낸다. 디지털 세상은 0과 1이 만들어 내는 세상이다. 0과 1은 영상과 소리를 창조했으나 0과 1이 영상과 소리를 떠나서 다른 곳에 있는 것이 아니다. 그림과 소리 자체가 0과 1의 조합이다. 마찬가지로 우주 만물은 음양이 스스로 변화하여 만들어진 것이지, 음양이 다른 곳에 있는 것이 아니다. 0과 1은 문자도 만들어 내고, 소리도 만들어 내고, 영상도 만들어 냈지만 문자와 소리 그리고 영상을 떠나서 0과 1이 따로 있는 것이 아니다. 물론 우리의 눈은 문자를 보고, 그림을 보고, 소리를 듣지만 0과 1을 보고 듣는 것은 아니다. 그렇지만 0과 1의 소프트웨어와 하드웨어를 모르고는 디지털 세상을 만들 수 없다. 마찬가지로 음양을 모르고 세상을 알 수도 없으며 운영할 수도 없다.

우리의 눈은 형상 있는 물질을 보고 주파수 있는 소리만 들을 뿐, 형상과 소리를 가능케 한 한울님과 그 기운은 볼 수 없다. 보이지 않으므로 사람들은 하늘도 없고 하늘의 조화도 없다고 말한다. 그렇지만 그 실상을 보는 사람은 한울님의 본체인 성품과 한울님의 활동이신 마음 밖에 따로 무엇이 있는 것이 아니라는 사실을 잘 안다. 0과 1의 소프트웨어와 하드웨어가 없이는 영상과 소리도 없듯이 하늘의 조화가 없이는 아무 것도 존재하지 않는다.

디지털에 비유를 하였지만 디지털의 세계가 음양과 동일한 것은 아니다. 디지털로 만든 세상은 이원론을 넘어설 수 없지만 사람은 이원론을 넘어설 수 있기 때문에 디지털 세계와 사람의 세계는 다르다. 디지털은 0=1이 되는 순간 모든 것이 정지되지만 사람은 그렇지 않아 음양 이원성의 세계에서 무극의 경지로 들어갈 수 있다.

창조 놀이를 만들어 낸 주인은 천주 조화이다

무극의 경지로 들어간다는 것은 사람이 한울님이 되는 것이다. 한울님이 된다는 것은 음과 양에 통하는 혼원한 하나의 기운을 마음대로 부리게 된다는 것이다. 0과 1을 이용한 소프트웨어와 하드웨어를 만들어 내어 온갖 가지 가상 세계를 창조해 내는 프로그래머처럼 우주 만물의 창조 놀이를 만들어 낸 주인은 천주 조화이다.

컴퓨터는 0=1이 되는 순간이 종말이지만 사람은 음양을 통일하는 순간 하나의 한울님의 기운에 통하게 되고 그 기운의 주인인 한울님을 깨닫게 된다. 그리하여 우주 기운을 내가 자유로이 부리게 된다. 사람에게는 하늘 마음이 있기 때문에 가능한 것이다. 하늘 마음이 있기 때문에 사람은 한울님과 하나가 되어 하늘 세상을 창조할 수 있다. 인공지능이 아무리 발달하더라도 하늘 마음을 만들어 낼 수는 없다.

하늘 세상에는 하늘 사람이 하늘 밥을 먹고 하늘 말씀에 따라서 하늘 일을 하면서 살아간다. 사람이 하늘 마음에 합하여 말하면 하늘 말씀이 아닌 것이 없다.

그러므로 계시가 따로 있는 것이 아니라 무위이화한 사람으로부터 나오는 모든 말이 다 계시이다. 한울님의 말씀이 처음에는 허공으로부터 들려오는 것 같지만 차차차차 지날수록 마음의 심연에서 올라오는 내면의 소리라는 것을 알게 된다. 하늘의 말이 따로 있는 것이 아니라 하늘의 이치에 부합하면 모두가 하늘의 말이다. 해월은 "말이 이치에 합하고 도에 통한다 하면 어느 것이 한울님 말씀 아님이 있겠느냐."라고 하였다. 무위이화하면 한울님 말씀과 사람의 말에 차이가 없어진다. 둘의 차이가 사라져 사람이 하늘의 뜻에 따라서 생각하고 말하고 행동하게 된다. 억지가 없으며 모든 일이 스스로 그러할 뿐이다. 자연한 가운데 모든 일이 이루어진다.

무위이화의 가르침은 하늘과 같이 넓고, 강물과 같이 거침이 없고, 바람과 같이 신출귀몰하고, 귀신처럼 조화가 무궁하여 알지 못하는 사이에 모든 것을 바꾸어 놓는다.

"나도 모르는 사이에 당신은 언제 나에게로 와서 이렇게 큰 기쁨을 주고서 간단 말도 없이 가셨다는 말입니까? 당신은 어느 곳에 숨어 계시다가 이렇게 내 마음을 온통 당신 생각으로 넘쳐나게 만들고 또 다시 어디로 숨어 버렸단 말입니까?"

처음에는 이렇게 읊조리지만 한없이 무궁하고 영원한 그 님이 본래의 자신인 줄 알게 되면 한울님도 나요, 귀신도 나요, 음양 기운도 나라는 사실을 알게 된다. 의암은 '본래의 나'를 다음처럼 말한다.

나는 성품과 이치의 거울이요, 하늘과 땅의 거울이요, 예와 이제의 거울이요, 세계의 거울이요, 나는 성품과 이치의 하늘이요, 하늘과 땅의 하늘이

요, 예와 이제의 하늘이요, 세계의 하늘이니, 내 마음은 곧 천지 만물 고금 세계를 스스로 주재하는 한 조화옹이니라. 이러므로 마음 밖에 하늘이 없고, 마음 밖에 이치가 없고, 마음 밖에 물건이 없고, 마음 밖에 조화가 없느니라.

'본래의 나'는 우주의 본성과 이치를 바라보며, 하늘과 땅을 바라보며, 옛날과 지금을 바라보며, 세계 전체를 바라보는 주인이다. '본래의 나'는 또한 하늘이다. 본성과 이치가 곧 '나'며, 하늘과 땅이 곧 '나'며, 옛날과 오늘이 곧 '나'며, 세계가 곧 '나'다. 그러므로 '나'는 우주 만물의 주인이자 하늘이며 우주 만물을 창조하고 변화시키는 조화의 주인이다. 그렇게 동경하고 그리던 그 님이 곧 '나'다. 원만구족圓滿俱足하여 하나도 부족함이 없는 '나'를 찾은 것이다. 만사형통하여 모르는 것이 없는 '나'를 찾은 것이다. 만사여의萬事如意하여 못하는 일이 없는 '나'를 찾은 것이다.

몸 이   자 연 과   하 나 가   되 어   움 직 인 다

　　'본래 나'의 거침 없는 기상을 수운은 검무로써 표현해 냈다. 지극한 경지에 이른 검객은 칼을 내 몸처럼 써서 사람과 칼이 하나가 되며, 그 움직임이 구름에 달 가듯, 대나무 숲에 바람이 불 듯하여 몸이 자연과 하나로 움직인다. 그 경지에 이르면 상대편은 바람이 움직이는지, 사람이 움직이는지, 칼이 움직이는지 구분을 하지 못하게 된다. 상대편의 움직임을 간파하지 못하므로 승패는 안 보아도 알 수 있다. 우주의 기운과 하나로 움직이는 호연지기浩然之氣는 수운의 칼 노래에 잘 나타난다.

　　용천검 날랜 칼은 일월을 희롱하고 게으른 무수장삼 우주에 덮여 있네 만고명장 어디 있나 장부당전 무장사라 좋을시고 좋을시고 이내신명 좋을시고.

　　'본래의 나'는 일월과 그 빛을 함께 하고 우주에 장삼을 떨치며 노닌다. 용천검은 우주의 그 어떤 것이라도 벨 수 있는 지혜를 뜻하며, 무수장삼은 우주에 미치지 아니함이 없는 덕을 의미한다.

장자는 대붕 이야기를 통하여 우주의 기운과 함께 하는 대장부의 호쾌함을 잘 그려 내고 있다.

북극 바다에 고기가 있었다. 그 이름을 곤鯤이라 하는데 그 크기는 몇천 리가 되는지 알 수 없다. 그것이 변하여 새가 되면 그 이름을 붕鵬이라 하는데, 이 새의 등도 길이가 몇천 리나 되는지 알 수가 없다. 붕이란 새가 땅을 떨치고 날아오르면, 그 날개는 하늘을 드리운 구름과도 같다. 이 새는 태풍이 바다 위에 불면 비로소 남극 바다로 날아갈 수 있다. … 붕이 남극 바다로 날아갈 적엔 물을 쳐서 삼천리나 튀게 하고, 빙빙 돌며 회오리바람을 타고 구만리나 올라가며, 육 개월을 날아야 쉬게 된다.

대붕은 한 번 날아 구만리九萬里를 올라가 6개월을 날아간다니 일반인의 상상을 넘어선다.

그러나 수운의 호연지기는 한 발 더 나아가서 칼춤을 추는 장삼 자락이 우주를 덮었다고 한다. 세상 사람의 상상력을 초월하는 이러한 이야기를 통하여 물질과 아집에 사로잡힌 기운을 우주로 무한히 확장시킨다. 집착에 찌든 마음 기운을 훨훨 털어 버리고 하늘로 치솟아 우주에 노니는 기상을 불러일으키고 있다. 그러나 대붕★鵬이 날아오르는 것을 보고 독수리는 썩은 쥐를 잡고 있는 발톱에 더욱 힘을 줄 뿐이다. 그러므로 수운은 세상을 어찌 할 수 없다는 말을 자주 하였다. 그렇지만 그러한 것은 잠시일 따름이다. 봄 아지랑이처럼 잠시 나타났다가 다음 순간에 사라져 버린다.

바람이 불면 안개는 저절로 걷힌다

어떻게 하면 물욕과 아집으로부터 해탈되어 은하수 건너 저편으로 갈 것인가. 대답은 의외로 간단하다. 하늘과 별과 바람과 함께 흐르면 된다. 무위이화하기 위해서는 하늘 성품을 따르고 하늘의 가르침을 받아야 한다. 또한 하늘 마음을 지키고 하늘 기운을 바로 세워야 한다. 그리하면 자연한 가운데 모든 것이 한울님으로부터 나오게 된다.

세상에는 자연한 가운데 일을 하는 사람이 있고 억지로 하는 사람이 있다. 흘러 넘쳐서 일하는 사람이 있고, 쥐어 짜서 일하는 사람이 있다. 억지로 하는 사람은 당장에는 뭔가 일이 이루어지는 것 같지만 시간의 힘 앞에서 무력하게 사라져간다. 자연은 부자연스러운 것을 용납하지 않는다. 그러므로 자연한 가운데 화하는 도리를 모르는 사람은 많은 분란을 일으키지만 찻잔 속의 태풍일 뿐이다.

억지를 버리면 자연한 기운은 저절로 솟아난다. 흙모래를 치우면 샘물은 솟기 마련이다. 구름을 걷으면 푸른 하늘이 본디 그곳에 있었다. 바람이 그치면 원래 호수는 평안하다. 소란한 마음을 그쳐 조용히 하면 본래 고요한 하늘 마음이다.

하늘의 명령에 따르는 것은 생명을 보존하는 길이며 이를 어기는 것은 죽음의 길이다. 우주에 존재하는 모든 것은 하늘의 이치와 하늘의 명령을 따르지 않고는 생명을 유지할 수 없다. 하늘을 어기는 자는 타는 불 속으로 뛰어드는 나방과 같고 깊은 물 속에 뛰어드는 쥐와도 같다. 하늘을 따르는 자는 타는 불 속을 나는 불사조와 같고 깊은 물 속에서 헤엄치는 물고기와도 같다.

가 는 몸 이 굵 어 지 고 검 던 낯 이 희 어 지 네

하늘에 통하게 되면 한울님으로부터 영부만 받는 것이 아니라 시, 노래, 가르침, 붓글씨, 초능력과 같은 이루 헤아릴 수 없는 많은 것들을 받게 된다. 이 모든 능력들은 한울님의 경지에 이르러 우주 자연과 함께 운행하는 무위이화에서 나오는 능력이다. 한울님은 무한이기 때문에 무한 능력을 무한히 제공해 준다.

수운은 이 놀라운 변화를 일일이 열거하고 있다. 한울님과 통하면 누구나 최고의 서예가가 되고, 최고의 시인이 되고, 최고의 재산가가 되고, 최고의 지혜로운 사람이 되고, 최고의 신선이 되어 어떤 질병으로부터도 자유롭게 된다고 하였다. 「수덕문」에서는 차분하게 열거하며 묘사하고 있지만 「안심가」에서 수운은 즐거움을 숨기지 않고 그대로 드러내고 있다.

가는 몸이 굵어지고 검던 낯이 희어지네 어화 세상 사람들아 선풍도골 내 아닌가 좋을시고 좋을시고 이내 신명 좋을시고 불로불사 하단말가 만승천자 진시황도 여산에 누워 있고 한무제 승로반도 웃음 바탕 되었더라 좋을

시고 좋을시고 이내 신명 좋을시고 영세무궁 하단말가 좋을시고 좋을시고
금을 준들 바꿀소냐 은을 준들 바꿀소냐 진시황 한무제가 무엇 없어 죽었는
고 내가 그때 났었더면 불사약을 손에 들고 조롱만상 하올 것을 늦게 나니 한
이로다 좋을시고 좋을시고 이내 신명 좋을시고.

영원토록 무궁한 즐거움이다. 이 세상의 어떤 재물로 이 즐거움을 살 수
있겠는가. 천하의 권력자도 이 즐거움을 얻지 못했다. 어떤 지식이나 어떤
조직이 이 즐거움을 줄 수 있겠는가. 우주 전체를 주고도 이 즐거움을 얻을
수 없으니 천상천하의 제일 보배라 하겠다.

영원히 샘솟는 영적 창조력을 산스크리트어로 릴라Lilla 하고 그 창조
의 기쁨을 릴라난다Lillananda라 한다. 쉬지 않는 즐거운 춤을 통하여 우주를
탄생시키는 것은 우주의 중심에서 고요하게 지켜보는 중심이 있기 때문이
다. 이 자리를 무(無, Nitya)라 하며 이 고요한 평화의 즐거움을 니탸난다
Nityananda라 한다. 이러한 철학은 고요한 쉬바Shiva를 밟고서 영원히 춤추는 샥
티Shakti의 춤으로 형상화하여 표현되었다. 쉬바와 샥티가 어울린 춤을 나타
라쟈Nataraja라 하며 사카르Sakar는 쉬바와 샥티의 합을 브라마Brahma라고 『아

제
8
장
사
람
이
하
늘
이
다

195

난다 경전(Ananda Sutra)』의 첫 구절에서 정의하였다.

즐거움에는 두 가지가 있으니, 하나는 창작하는 즐거움이며 다른 하나는 고요한 평안의 즐거움이라 하겠다. 평안의 즐거움은 신과 함께 하는 즐거움이며 창작의 즐거움은 자연과 더불어 함께 하는 즐거움이다. 이 즐거움을 알게 되면 무극한 도와 무궁한 덕을 알게 되어 사람은 죽음을 넘어 영생의 세계에 이른다. '본래의 나'는 태어남도 죽음도 없는 고요의 세계에 머물러 우주 삼라만상의 탄생과 유지 그리고 환원의 전체 과정을 관조하며 함께 하기 때문에 영생한다.

제 9 장   대 자 유

일동일정과 일용행사를

내가 반드시 자유롭게 하나니

좋으면 좋고 착하면 착하고

노하면 노하고

살면 살고 죽으면 죽고

모든 일과 모든 쓰임을

마음 없이 행하고

거리낌없이 행하니

이것을 천체의 공도공행이라 하느니라

* * *   의암

하늘 마음만이 하늘 기운을 잡을 수 있다

한 번 움직이고 한 번 고요하고, 한 번 번성하고 한 번 쇠퇴하고, 한 번 들이쉬고 한 번 내쉬고, 한 번 음陰하고 한 번 양陽하는 하늘의 무한한 자기 운행에 의하여 우주의 삼라만상들이 태어나 살아가다가 고향으로 돌아간다. 사람이 하늘의 덕에 온전하게 합치하면 하늘과 함께 움직이니 일동일정과 일용행사를 내가 자유롭게 하게 되며 이 경지를 대자유의 경지라 한다.

한울님의 기운은 어떤 기계도 잡아내지 못한다. 왜냐하면 한울님의 기운은 세상의 어떤 것에도 잡히지 않기 때문이다. 오직 한울님의 기운과 하나가 된 마음에만 잡혀 그 존재가 확인될 뿐이다. 깨달음에 이른 사람만이 한울님의 잡히지 않는 기운을 알아서 운용할 수 있다. 그러므로 과학이 한울님의 기운을 잡으리라는 것은 희망 사항에 불과할지 모른다. 혹 과학자가 도인이 되어 아주 정묘하고 예민한 마음이 된다면 소립자 속의 한울님의 기운을 밝혀낼지도 모르겠다. 그렇게 된다면 모든 물질이 한울님의 기운이라는 사실을 과학자들이 밝혀내게 될 것이다. 아직까지 과학은 여기에 이르지 못하였다. 그러나 도학자들은 이러한 사실을 이치로 설명하였다.

밝은 덕을 밝힌다(明明德)는 것은 모두가 하늘의 덕이라는 사실을 아는 것이다. 이를테면 하늘이 만민을 낳았다거나(天生萬民) 사람의 목숨이 하늘에 달려 있다거나(人命在天) 하는 말은 모두가 하늘의 덕으로 살아간다는 뜻이다. 얼핏 들으면 그런 것 같지 않지만 만물은 모두 음양으로 생겨난 것이고, 음양은 태극에서 온 것이고, 태극은 곧 하늘을 달리 표현하는 말이라 목숨이 모두 하늘에 달려 있는 것이다.

지구상의 모든 생명이 태양에 매달려 있듯이 우주간의 모든 존재는 자신의 생명을 보이지 않는 우주의 태양에 매달고 있다. 태양은 보이므로 그런 줄 알지만 보이지 않는 빛은 볼 수 없기 때문에 이 사실을 모른다. 그러나 태양의 빛도 그 태어난 고향은 보이지 않는 우주 태양의 빛이다. 태양의 빛에 의하여 식물은 광합성을 하여 탄수화물과 단백질을 포함한 일체의 영양분을 만들어 내고 이것들을 먹고 동물과 사람들이 생명을 유지하듯이 우주간의 모든 존재들은 보이지 않는 하늘의 밝은 덕에 의지하여 살아가고 있다.

밝은 덕을 밝힌다는 것은 우주 일체 생명의 근원을 밝힌다는 뜻이며, 생명이 생명된 바 크고 원대한 의미를 밝히는 것이다. 그러므로 큰 공부라 하지 않을 수 없다. 물론 큰 공부는 홀로 밝고 밝은 하늘의 덕을 아는 데 그치는 것이 아니라 다른 사람들과 함께 나누어야 한다. 이를『대학』에서는 친민親民이라 한다. 그리하여 만민과 함께 더불어 즐거이 천덕을 실현하는 지극한 선에 이름으로써(至於至善) 큰 공부가 끝난다는 것이다.

하 늘 이   베 푸 는   덕 을   내 가   베 푸 는   것 이 다

하늘의 덕에 합한다는 것은 하늘의 덕을 아는 데 그치는 것이 아니라, 내 자신이 곧 하늘의 덕과 일치되는 것이다. 하늘이 베푸는 덕을 내가 베푸는 것이다. 수운의 '합기덕合其德'이라는 말에는 밝은 덕을 밝히는 일뿐만 아니라, 밖으로는 이웃과 나누며 안으로는 지극한 선을 실현한다는 뜻이 내포되어 있다. 그러므로 '조화정'에 이르러 하늘과 사람은 더 이상 둘이 아닌 하나가 되며(天人合一), 사람 마음은 하늘 마음이 되어 한치의 오차도 없게 된다.

하늘의 쉬지 않는 창조와 변화의 도는 어떤 경우에도 끊어지지 않는다. 신은 창조성 그 자체이기 때문이다. 수운은 "무궁한 이 울 속에 무궁한 내 아닌가."라고 하여 무궁한 신과의 하나됨을 노래하였다. 우주만 무궁한 것이 아니라 나 또한 무궁하다는 것이다. 이 무궁한 신의 창조 놀이가 하늘의 덕이다.

해월은 "만물의 조화여, 무극하고 무궁하도다. 놀라워라."고 무궁한 창조의 덕을 찬탄하였다. 의암은 "용담 성운은 하늘과 같이 무궁하여 길이 살아 죽지 않는다."고 하여 하늘의 덕에 합한 동학·천도를 찬탄하였다. 하늘 길은 무극하고 또 무궁하다. 한 번 어두웠다가 한 번 밝아지면서 하늘의 덕이 무궁하게 펼쳐진다.

하늘의 덕이 우주를 낳아 유지하고 있듯이 하늘의 마음은 조화가 무궁하여 우주 만물을 보살피고 있다. 사람의 생각은 수數가 있으며 잠을 자야 하지만 하늘의 생각은 무궁하여 수가 없으며 쉬지 않는다. 잠들지 않는 마음이 생겨나게 될 때 우리는 하늘 마음에 가까워졌음을 알게 된다. "모두가 잠들어도 요기Yogi는 잠들지 않는다."는 말이 있다. 해월은 잠들어도 사람들이 드나드는 것을 알았다고 하였다.

영원히 깨어 있는 마음이 하늘 마음이다

영원히 깨어 있는 마음이 하늘 마음이다. 영원히 깨어 있는 마음과 하나가 되면 눈을 뜨나 감으나 매한가지다. 마음은 잠을 잘 때나, 무의식에 빠질 때나, 죽었을 때 활동하지 못하지만 하늘 마음은 잠을 자도 깨어 있고, 무의식에서도 깨어 있고, 죽어도 깨어 있다. 영원히 깨어 있는 마음이다. 영원히 깨어 있기 때문에 하늘 마음을 아는 사람은 잠자는 경우도 없고, 무의식에 빠지는 경우도 없고, 죽음도 없다. 언제나 깨어 있는 사람이 되고, 죽음을 정복한 사람이 되는 것이다.

하늘의 마음에 이른 사람은 천지와 더불어 영원하기 때문에 더 이상 죽음의 공포가 감히 범접하지 못한다. 천주와 하나가 되어 고요에 이르고 우주와 하나가 되어 만유와 영원히 함께 하는 자에게는 모든 것이 하나이다. 보통의 마음으로는 이러한 마음의 경지를 짐작하거나 상상할 수조차 없다. 그러므로 세상 사람들은 그러한 마음의 경지를 의심하여 믿지 않는다. 그렇지만 선각자들은 한결같이 그러한 경지의 마음을 말하고 있다.

우파니샤드는 그 경지를 이렇게 기록하고 있다.

그 생각해 볼 수조차 없는 자가 지고의 아뜨만Atman, 끝이 없고, 태어난 적이 없고, 논리로 설명될 수 없고, 상상해 볼 수 없는 자이니, 그의 아뜨만은 대공(Akasa)이라 해야 할 것이다. 세상의 파멸의 때에 그만이 깨어 있다. 대공으로부터 그가 생각의 덩어리일 뿐인 이 세상을 깨운다. 그 생각은 바로 그에 의한 것이며, 그의 안으로 다시 사라지게 될 것들이다. 저 태양에 열기를 주는 빛나는 모습이 바로 그요, 연기 없는 불에서 발하고 있는 빛이 바로 그이다. 또한 음식을 소화시키는 위 안에 든 불도 바로 그이다. 그러므로 현자들이 말하기를, 불 속에 든 자, 심장 속에 들어 있는 자, 저 태양 속에 있는 자, 모두가 하나의 그이다. 이것을 아는 자는 그 '하나'로 가리라.

하나에 다다른 자에게는 죽음의 신도 두려워 함부로 다가가지 못한다. 그러므로 두려워할 것이 있다면 천둥과 번개도 아니요, 호랑이와 사자도 아니요, 무뢰한과 불한당도 아니요, 오직 말없는 하늘이라 하겠다.

사나운 범이 앞에 있고 긴 칼이 머리에 임하고 벼락이 내리어도 무섭지 아니하나, 오직 말 없고 소리 없는 하늘이 언제나 무섭고 두려운 것이니라.

그러나 그 두려운 하늘과 하나가 되었으니 일체의 두려움이 사라질 수
밖에 더 있는가. 하늘과 하나가 되면 두려움은 연기처럼 사라진다.

죽음의 공포를 넘어서

대부분의 종교들은 죽음의 공포를 교묘하게 이용한다. 두려움은 사사로
움과 의심에서 나타난다. 세상 사람들은 하늘처럼 공변되지 못하고 사사로
움에 빠져 있기 때문에 모두 두려움에 떤다. 수운은 "두려움이 되는 바를 알
지 못하거든 지극히 공변되게 하여 사사로움이 없는가 생각하라."고 가르쳤
다. 마음을 하늘처럼 한 점 삿된 생각이 없이 공변되게 쓰는 사람에게는 두려
움이 있을 수 없다. 모든 것이 하나가 되어 따로 두려워할 대상이 사라졌기
때문이다. 귀신도 하늘이요, 악마도 하늘이요, 지옥도 하늘이니 두려워할 대
상이 따로 존재하지 않는다. 사람들이 두려워하는 모든 것들이 하나의 한울
님 안에 있는데 왜 사람들은 여전히 두려움에 떠는가?

죽음이란 개체성에서 나타나는 현상이기 때문에 개체성을 넘어 지극한

공空에 이른 사람은 어떤 것도 두려워하지 않는다. 개체성이 죽는 경우는 있어도 전체로 보면 신진대사만이 있을 뿐이다. 날마다 태어나고 죽어가는 사람들을 생각해 보라. 죽음의 공포는 개체 의식이 느끼는 공포심이다. 개체의 공포심을 극복하기 위하여 영적 스승들은 한결같이 태어난 적도 없고 죽은 적도 없는 영원한 '본래의 나', '진리 본체', '영생의 실상'을 깨달으라고 가르치나, 그 제자들 가운데에는 오히려 개체 의식을 강화시켜 죽음의 공포를 극대화시키는 사람도 많다.

공포심을 이용하여 신앙심을 불러일으킨다는 것은 매로 교육을 한다는 것과 비슷하다. 회초리로 맞으면서 배운 내용은 회초리와 함께 사라져 가며, 공포심에 의하여 생겨났던 신앙심은 공포심과 함께 사라진다. 이는 진정한 신앙이 아니다. 진정한 신앙은 영원한 진리 본체, 즉 '본래의 나'에 대한 믿음을 불러일으키는 것이다.

원효는 「대승기신론소」에서 브라마(大)가 타고 있지 않은 곳이 없으니 모든 존재자에게서 믿음을 불러일으킬 수 있다고 보았다. 참된 믿음은 개체의 죽음에 대한 공포에서 생겨나는 것이 아니라 영원한 존재에의 공경심에서 생겨나는 것이다. 수운은 개체의 영혼이 천당에 간다고 하는 서학의 어리석은 주장을 강하게 비판하였다. 만질 수도 없고 보이지도 않는 한울님을 믿을 수 있는 이유는 모든 사람들의 마음에는 한울님이 모셔져 있기 때문이다. 자기 안에 모셔져 있는 한울님을 깨우칠 때 믿음이 생겨나는 것이다.

한울님이 본래의 자신이라는 진실을 깨우치지 못한 개체적 인간에게는 탄생과 죽음이 있으니 이를 무시할 수 없다. 사카르는 "내가 슬퍼할 때 다른 사람들은 기쁨의 웃음을 지었고, 내가 즐거워할 때 다른 사람들은 이별의 눈물을 흘렸다."고 하여 탄생과 죽음의 역설을 표현하였다. 하나의 개체로 탄생한다는 것은 괴로운 일이지만 식구들은 즐거워하며, 하늘이 부여한 모든 일을 마치고 하나의 영생으로 환원하는 개체의 죽음은 즐거운 일이지만 친척과 이웃은 슬퍼한다. 개체의 삶과 죽음은 한 순간도 멈출 수 없는 우주의 신진대사이다. 이러한 개체의 죽음을 대하는 성인의 태도가 달랐으나 그 뜻을 살펴야 할 것이다.

영원에서 왔다가 영원으로 돌아가는 것일 뿐

죽음에 대하여 공자처럼 눈물을 흘릴 수도 있지만 장자처럼 춤을 출 수도 있다. 공자 제자 안연顏淵이 29세에 죽자 "하늘이 나를 망쳤구나."라고 하면서 슬피 통곡한 것은 죽음을 슬퍼한 것이 아니라 사제간에 맺은 각별한 정이 끊어짐을 슬퍼한 것이라 하겠다. 장자가 아내가 죽자 땅바닥에 앉아 대야를 두드리며 노래한 것도 죽음을 기뻐한 것이 아니라 자연으로 되돌아감을 기뻐한 것이라 하겠다.

생각에 따라서 죽음은 슬픈 일이기도 하며 또한 기쁜 일이기도 하다. 영원에서 왔다가 영원으로 돌아가는 것일 뿐 죽음은 없는 것이 본래의 실상이지만, 사람이 또한 보이는 모습을 하고 이웃들과 함께 살아가므로 죽음이라는 이별은 슬픈 일이다. 사람은 정이 있는 하늘이라 정이 끊어짐을 슬퍼하지 않을 수 없지만, 또한 사람은 공공적적한 하늘이라 개체의 죽음은 본래의 고향으로 돌아가는 것이므로 기쁜 일이 아닐 수 없는 것이다.

새옹지마塞翁之馬 이야기는 기쁨과 슬픔을 관조하는 지혜로운 태도가 잘 나타나 있다. 기쁨과 슬픔의 우여곡절에 따라서 지나치게 흔들리지 않고 평상심을 잃지 않는 곳에 평안이 깃든다. 평안함에 이를 때 마음은 자유의 세계에 이르게 된다. 자유의 마음은 천국과 지옥으로부터도 자유롭다.

죽은 뒤에 천국에 가는 사람도 없고 지옥 가는 사람도 없다. 천국이나 지옥 이야기는 죽은 뒤에 존재한다고 하는 개체 영혼에 사로잡힌 사람들이 지어낸 공상일 따름이다. 본래의 '하나'에 들면 마음에 얻고 잃음이 없게 되어 생사의 수레바퀴를 벗어나게 된다. 개체성에서 해탈한 사람은 자신의 죽음으로부터 놓여날 뿐만 아니라 우주의 종말로부터도 벗어나게 된다. 우주 전체로 보면 죽음은 없다. 물질은 개체성을 벗어나지 못하기 때문에 죽음을 면치 못한다. 개체의 몸은 죽지만 마음이 개체성을 벗어나 보편성을 얻게 되면 죽지 않는다. 지구는 개체적 물질이기 때문에 죽음을 면치 못한다. 그러나 인간은 지구와 운명을 같이할 이유가 없다. 왜냐하면 사람은 하늘 사람으로 영원한 존재이기 때문이다. 사람은 지구에 죽음이 오더라도 생명을 유지할 방도를 찾아낼 것이다.

우주의 열사망(Entropy)론은 단위 개체의 사망을 전체의 멸망으로 착각했기 때문에 나온 이론이다. 우주는 무궁하게 창조되기 때문에 완전한 사망을 두려워할 이유가 없다. 하늘을 믿는 사람은 낙관주의자이다.

질서에서 무질서로의 진행은 되돌려 놓을 수 없다는 것이 엔트로피의 법칙이다. 그러나 이는 특정한 체계 내에서의 현상이며 전체 체계에서는 일어나지 않는다. 우주에서 엔트로피가 증대되는 부분이 있으면 엔트로피가 감소하는 부분도 있다. 죽는 부분이 있으면 태어나는 부분이 있기 때문이다. 모든 것을 빨아들이는 블랙홀이 있으면 빛을 만들어 내는 화이트홀이 있다는 것은 이 시대 최고의 물리학자라고 하는 스티브 호킹의 이야기이다. 이 역시 종말이란 없다는 진리의 과학적 부연이다.

또한 하늘을 모신 사람은 무질서를 질서로 바꿀 수 있는 놀라운 능력이 있다. 엔트로피를 주장하는 사람들은 마음의 법칙은 물질 법칙과 다르며 마음이 물질을 통제할 수 있다는 사실을 잘 알지 못한 것 같다. 신이 하는 창조와 변화를 사람도 할 수 있다는 '조화정'의 철학으로 본다면 사람은 질서를 창조해 낼 수 있다. 사람의 마음은 무질서를 감소시키고 질서를 증대시키는 힘을 가지고 있는 것이다.

비록 지구에 종말이 오고, 태양계에 종말이 오고, 은하계에 종말이 오더라도 우주 전체에는 종말이 없으며 하늘 마음을 가진 사람은 새로운 생명의 터전을 찾아내거나 새로운 질서를 창조해 낼 수 있다.

영 원 생 명 으 로 의 탄 생

부처는 육신은 죽지만 불성은 죽지 않으며 불성佛性이 곧 자신이라는 사실을 깨달았기 때문에 죽음이란 없으며 오직 열반Nirvana만이 있을 뿐이라고 하였다. 열반은 죽음이 아니라 영원 생명으로의 탄생이다. 그러므로 죽음은 없다. 그러나 누구나 영생하고자 하지만 개체성을 벗어나지 못한 마음은 영생의 비밀을 알지 못한다. 영생하는 것은 육신이 아니라 하늘 마음이다.

하늘 마음은 권력이 있다고 해서 얻을 수 있는 것도 아니며, 돈이 많다고 살 수 있는 것도 아니며, 지식이 많다고 알 수 있는 것도 아니다. 오로지 자신의 마음이 하늘 마음과 완전히 하나가 된 사람만이 얻을 수 있는 경지이다.

수운은 천하의 절대권을 가졌던 진시황과 한무제가 무엇이 없어서 죽었느냐고 물으면서 불사약을 자신이 찾았다고 노래했다.

좋을시고 좋을시고 이내 신명 좋을시고 불로불사 하단 말가 만승천자 진시황도 여산에 누워 있고 한무제 승로반도 웃음 바탕 되었더라 좋을시고 좋을시고 이내 신명 좋을시고 영세무궁 하단 말가.

수운 자신은 늙지도 않으며 죽지도 않는다고 하였다. 이를 지상신선地上神仙이라 하며 이는 하늘의 덕과 하늘 마음과의 합일을 상징한다. 이 몸을 가지고 영생하고자 하는 사람들이 많기 때문에 수운은 이렇게 설명한 것이다. 이 몸은 영생하지 못하지만 이 몸에 깃든 신령은 영생한다. 신령이 자신임을 아는 사람이 바로 지상에 사는 신선인 것이다. 안타깝게도 대부분의 사람들은 영원한 본성이 아닌 잠시간의 육신만을 자신이라고 생각하고 살아간다. 그리하여 삶과 죽음의 허상으로부터 벗어나지 못한다.

하늘 마음에 닻을 내리게 되면

하늘의 무궁한 조화심造化心에 자리잡는 것이 정기심定其心이다. 사람 마음이 하늘 마음에 정해져 옮기지 않는 것이다. 하늘 마음에 닻을 내리게 되면 사람은 하늘처럼 마음을 쓸 수 있게 된다. 그러므로 수운은 마음이 하늘 마음에 온전히 자리잡게 되면 만사가 뜻대로 된다(萬事如意)고 하였다. 사람의 마음이 하늘 마음과 똑같아지면 사람 마음이 우주의 변화무쌍한 조화의 기운을 통제하게 되기 때문에 모든 일을 자기 뜻대로 하게 된다. 마음이 하고자 하는 대로 하여도 하늘과 우주의 법에 어긋나는 바가 하나도 없다. 천주 조화에 따라서 마음을 쓰니 특별히 하고자 하는 바도 없으며 특별히 하지 않고자 하는 바도 없다. 의암은 천지 조화의 주인으로서의 '본래의 나'에 대하여 다음처럼 말한다.

천지 일월이 가슴 속에 드니, 천지가 큰 것이 아니요 내 마음이 큰 것이라. 군자의 말과 행동은 천지를 움직이나니, 천지 조화는 내 마음대로 할 것이니라.

지극한 경지에 이르러 지극한 천지 조화와 하나가 되었으니 무엇을 내 마음대로 하지 못하는 것이 있겠는가. 무위이화로 사람은 하늘의 뜻을 이 몸과 이 땅에서 실현하게 된다. 이를 지상신선이요, 지상천국이라고 한다. 천국이 하늘에 있는 것이 아니라 이 땅 위에서 하늘 사람이 열어가는 것이다. 하늘 사람은 지상의 신선이요 자유 그 자체이다.

무위이화는 자유다. 무엇으로부터의 자유가 아니라 자유 그 자체이다.

자유롭기 위해서는 무엇에도 걸리지 않아야 하며 어떤 장애물에도 막히지 않아야 한다. 공자는 그러한 자유를 마음에서 보았으며(從心) 노자는 그러한 자유를 자연에서(無爲) 보았다. 둘이 마치 다른 것처럼 이야기하지만 한쪽에 편중되어 있을 뿐이지 결코 다르지 않다.

자연은 누가 시켜서 그러한 것이 아니라 스스로 그러함이다. 물이 아래로 흐르듯이, 불이 위로 타오르듯이 자연을 따르는 것은 자유의 길이다. 헤겔은 자연을 필연의 세계라 하며 인간 세계를 자유의 왕국으로 보았다. 사람은 생각하고 구성하는 자유를 가졌기 때문에 자유의 왕국을 건설한다는 것이다. 사람의 생각으로 인류 문명을 이루었으므로 문명은 자유의 왕국이라고 하지만 노자는 이러한 문명을 인위적 구속으로 보았다. 인위적 문명으로부터 벗어나 자연으로 돌아가는 것을 자유로 보았던 것이다. 무위이화의 자유를 아는 사람은 자연적 문명을 건설한다.

그러나 인위적인 인간 문명을 떠나서 자연으로 돌아가지 않고도 사람이 자연과 완전히 소통하므로 자연적인 문명을 만들 수 있다. 인위적 문명이 아닌 천연적 문명을 인간은 건설할 수 있는 것이다. 인간은 자연보다도 더 소박하고, 자연보다도 더 자연스럽고, 자연보다도 더 가공하지 않은 소박한 아름다움을 만들어 낼 수 있다. 이러한 문명 창조를 후천개벽이라 한다. 여기에서는 자연도 사람을 통하여 더욱 자연스러워질 수 있다.

　이성적 인간이 자유의 왕국을 건설할 수 있는 것이 아니라 한울님을 모신 하늘 마음이 무위이화로 자연스러운 자유의 문명을 건설할 수 있다. 사람은 자연의 필연성에 통하게 되면 자연의 속박으로부터 해방된다. 수운은 빗속에서도 젖지 않고 아버님의 성묏길을 다녀온 일화를 통하여 자유의 경지가 어떠한지를 보여 주었다. 이성적 자유는 형이상학적 사유에서 나온 자유이지만 동학·천도 자유는 도덕 실천에서 나온 구체적 자유이다.

　물에 젖지 않는 경지는 물론 몸이 아니라 마음의 경지이지만 마음이 그 경지에 이르면 몸도 또한 마음의 명령에 복종한다. 이를 신통력이라 한다. 형이상학적 사유로는 어떤 경우에도 신통력을 구사할 수 없다. 왜냐하면 기운을 뜻대로 통제할 수 있는 마음이 없기 때문이다. 그렇다고 천도교가 신통력을 권장하는 것은 아니다. 신통력은 또한 자연스러움을 어기는 것이니 성인은 신통력이 있지만 행하지 않는다. 여기에서 자유는 관념상의 자유가 아닌 실제적인 자유이다.

일곱 개의 가면을 도둑맞은 사람

자연의 필연성을 사람이 터득하게 될 때 사람은 자연의 필연성을 통제하는 능력을 갖게 되는데 이 경지를 자유라 한다. 자연의 필연성과 반대되는 마음의 자유로운 지향성이나 구성력을 자유라 하지 않는다. 이성적 자유는 인위적 자유이며 동학·천도의 자유는 무위이화적 자유이다.

무위이화적 자유란 나의 뜻이 자연의 법칙과 통할 뿐 아니라 하늘의 법칙에도 부합하여 자연과 하늘에 걸리지 않는 경지를 뜻한다. 마음으로 그러할 뿐 아니라 마음으로 기운을 통제하여 실제로도 그러하다. 그러할 때 사람은 자연으로부터도 자유로워지고 신으로부터도 자유로워진다. 내 안에 한울님을 모시고 나의 기운이 자연의 기운과 통하니 모든 것이 나로부터 말미암는다. 자유는 해탈을 통하여 체득하는 경지이며 결코 이성의 구성 능력이나 주체의 구성적 지향성에 의하여 만들어지는 것이 아니다.

무위이화의 자유를 이해할 수 있는 재미나는 이야기가 하나 있다. 칼릴 지브란은 레바논 출신의 이슬람 수피 수행자면서 동시에 세계적인 시인이다. 지브란의 이야기를 통하여 도덕 실천에서 오는 실제적 자유가 무엇을 의미하는지를 보자. 지브란은 가면을 도둑맞은 사람의 이야기를 통하여 가식과 굴레로부터 해방된 자유가 어떠한 것인지를 말해 준다.

어느 날 일곱 개의 가면을 모두 잃어버린 사람이 길거리를 달리면서 가면 도둑을 잡으라고 외쳐댄다. "도둑이야 도둑! 저주받을 놈의 도둑이야!" 이 소리에 어떤 사람들은 길거리로 뛰쳐나오고 어떤 사람은 무서워 집안으로 숨었다. 그런데 옥상에서 어떤 사람이 잃어버린 가면을 찾아서 맨 얼굴로 뛰어다니는 사람을 보고서 "저놈의 미치광이!"라고 호된 비난을 하는 순간 거리를 달리던 이 사람은 머리를 쳐들고 그를 쳐다보았다. 그 순간 햇살이 훤하게 드러난 '자신'의 본래 얼굴에 난생 처음으로 입맞춤을 하였고 그 사람은 하늘이 열리는 첫 경험을 하게 되었다.

햇살이 본래 얼굴에 입맞춤을 하자 그 사람의 마음과 영혼은 태양의 사랑으로 불타 올라 다시는 가면을 필요치 않게 되었다. 그리하여 이 사람은 가면을 훔쳐간 도둑에게 "복이 있을지어다! 복이 있을지어다! 나의 가면들을 훔쳐간 도둑님들에게 복이 있을지어다."라고 소리를 지르며 자유의 즐거움을 구가하였다.

이 이야기를 통하여 지브란은 일체의 위선과 가식으로부터 벗어난 해탈의 자유와 지고한 존재와의 황홀하고도 위대한 만남을 찬양하고 있다. 자유는 모든 가식적인 의식을 벗어던질 때 다가오는 진리 본체의 자유다.

지브란이 말하는 것처럼 우리들은 일곱 개의 가면만 만들었겠는가. 위선으로 가득한 가면을 벗어던지고 본래 면목을 찾을 때 우리는 자유를 맛본다. 그렇지만 가면 쓴 사회에서는 가면 쓰지 않은 사람을 미치광이로 본다.

자유는 낮은 의식에서부터 높은 의식까지 일체 의식의 껍질을 벗어 버리고 본래 면목을 찾았을 때 나타나는 경지이다. 형이상학적 사변이나 철학적 사색에서, 또는 일체의 지식과 사변으로부터 해방될 때 드러나는 경계가 자유이다. 앎으로부터도 자유롭고 무지로부터도 자유로울 때 참자유가 나타나는 것이다.

의암은 무위이화의 자유가 마음의 최고 단계에서 나타나는 경계임을 철학적으로 체계화하여 보여 주었다. 그는 영적 마음을 허광심虛光心, 여여심如如心, 자유심自由心의 세 층으로 나누어 본다. 하늘과 만물은 성품과 마음으로 만들어졌기 때문에 껍질을 벗기면 그 안에 성품의 빛이 나오게 되며 의암은 이를 허광심이라 불렀다. 허광심은 마음의 빛을 돌려 만물을 밝게 비추니 모르는 것이 없는 마음이다.

여기에서 한 단계를 더 나아가면 모든 것이 일체 평등하여 물을 것도, 들을 것도, 알 것도 없는 경지에 이르러 삼라만상과 하나되는 여여심에 이른다고 한다. 선과 악, 싫어하고 좋아함, 생겨나고 없어짐이 모두 여여심의 쓰는 바이니 어느 곳에도 매이지 않는다고 하였다. 천당과 지옥도 또한 이 마음이 쓰는 바라 하겠다. 여여심은 산스크리트어로 타타타Tathata라 한다. 만물 일체가 똑같다는 뜻이다.

하 늘 도 비 지 않 고 만 물 도 끊 기 지 않 는 다

마지막 단계가 자유심이다. 자유심의 단계에서는 하늘도 비지 않고 만물도 끊기지 않는다고 한다.

하늘도 또한 비지 아니하고 만물도 또한 끊기지 아니하니, 도가 어찌 빈 데 멎으며 만물이 어찌 끊긴 데 멎으리오.

사람들은 흔히 하늘은 비었고 만물은 개체로 끊어져 있다고 생각하지만, 의암은 도리어 하늘은 비지 않고 꽉 차 있으며, 만물은 끊기지 아니하고 이어져 있음을 말하고 있다. 마음은 본래 하늘에도 꽉 차 있으니 빈 것이 아니라 고요할 뿐이며, 마음은 또한 기운으로 만물에 자유로이 소통하니 만물은 서로 연결되어 있는 것이다.

자유심은 하늘에 가득 찬 마음이며 만물에 소통하는 마음이다. 자유심은 미치지 아니하는 곳이 없어서 비어 있는 곳이 없으며, 통하지 않는 곳이 없는 마음이라 끊김도 없다. 도가 공空에서 멈추는 것도 아니고 만물에서 끊어진 것도 아니므로 마음에는 끝이 없으며 가장자리가 없다.

만법과 만상이 오로지 이 자유심에서 운영되는 것이니 이치와 만물이 모두 내 마음의 이치와 기운이라 하겠다. 그러므로 자유심은 이치로부터도 자유롭고 만물로부터도 자유롭다. 이치와 만물이 마음으로부터 나왔으니 마음은 그 어떤 것으로부터도 본래 자유롭다. 자유심에 대한 의암의 다음 말은 참으로 아름답다.

자기의 성품과 자기의 마음을 가르쳐 한번 뛰어서 자유로워라. 마음이 옥이 되고자 하면 옥도 또한 장애요, 마음이 물같이 되고자 하면 물도 또한 장애요, 마음이 비고 고요하게 되고자 하면 비고 고요한 것도 또한 장애요, 마음이 밝고자 하면 밝은 것도 또한 장애요, 나로써 나를 없애려 하면 나도 또한 장애요, 마음으로 마음을 없애고자 하여도 마음도 또한 큰 장애니, 어떤 묘법으로 그 큰 장애를 벗어날고. 다시 한 층계를 더하여 반드시 자유를 쓰라.

마음은 본래 자유라, 무엇을 하고자 하는 바도 없고 하지 않고자 하는 바도 없다. 마음은 원만하여 무엇 하나 갖추지 아니한 바 없다. 그러므로 따로 무엇을 구하지도 않으며 또한 무엇을 얻으려고도 하지 않는다. 마음은 이미 만사여의萬事如意로, 따로 생각을 내어 무엇을 이루려는 생각이 없다. 마음은 본래 원형이정元亨利貞하여 하늘과 똑같은 길을 걷는다. 하늘이 가는 대로 자연이 가는 대로 내 마음도 그렇게 움직일 뿐이다. 마음은 인의예지仁義禮智하며, 대자대비大慈大悲하며, 사랑이다.

자유는 마음의 본래 면목이므로 무엇 하나 더할 것도 없으며 덜할 것도 없다. 그러므로 도를 구하려는 것도 장애요, 덕을 밝히려는 것도 장애요, 깨달으려고 하는 것도 장애요, 마음을 비우려고 하는 것도 장애다. 마침내 이 자유의 마음이 되면 천도를 이루고 천덕을 세우게 된다.

하 늘 로 서   하 늘 을   가 르 치 고 ,   하 늘 로 서   하 늘 을   다 스 린 다

하늘 길을 걷고 하늘 덕을 베푸니 그 생명은 천주 조화와 함께 영원하다. 마음은 이미 모든 것을 이루었으므로 더 이상 특별히 할 일이 없다.

살려고도 하지 아니하고 죽으려고도 하지 아니하며, 없으려고도 하지 아니하고 있으려고도 하지 아니하며, 착하려고도 하지 아니하고 악하려고도 하지 아니하며, 기쁘려고도 하지 아니하고 노하려고도 하지 아니하니….

태어나지도 않고 죽지도 않는 자리에 다다랐으므로 살려는 생각도 없으며 죽으려는 생각도 없다. 선악을 넘어섰으므로 착하려고도 하지 않고 악하려고도 하지 않는다. 고락을 넘어 섰으므로 고해를 건너려고도 하지 않으며 즐거움을 얻으려고도 하지 않는다. 시간이 일체 그 마음에 들어갔으므로 과거도 없고 미래도 없고 현재도 없다. 공간을 넘어섰으므로 이곳도 없고 저곳도 없다. 이 자유심 안에 부처도, 공자도, 노자도, 예수도, 마호멧도 있으므로 쓰고 싶으면 누구의 법이라도 자유로이 쓴다.

그러므로 수운은 도는 하나의 천도이며 운도 또한 하나의 운이라 하였다. 동학이 아니면 동귀일체同歸一體하는 줄을 어떻게 알겠는가? 공도를 함께 쓰고(公道公用), 하늘 몸을 내가 스스로 쓰니(天體自用) 하늘과 같은 길을 가고 자연과 운행을 함께 한다. 하늘로서 하늘을 기르고, 하늘로서 하늘을 가르치고, 하늘로서 하늘을 다스린다. 이를 대자유라 한다.

제 4 부 둘이 아님을 앎

내 마음을 내가 지키어 잃지 아니하고

굳게 하여 흐르지 아니하면 내 마음이 자연히 해탈이 되나니

만법 만상이 일체 마음에 갖추어져서

일과 이치가 엇갈리지 아니하면 나와 하늘이 둘이 아니요

성품과 마음이 둘이 아니요 성인과 범인이 둘이 아니요

나와 세상이 둘이 아니요 삶과 죽음이 둘이 아니니라

• • • 의암 • • •

제 1 0 장 우 주 는 영 성 의 표 현

우주는 원래 영의 표현인 것이니라

영성과 세상은 같은 이치의

두 측면일 따름이니라

* * * 의암

어떻게 하여 성인과 범인으로 갈라지게 되었는가?

밤하늘을 수놓으며 반짝이는 별들은 무엇이며, 이 모든 것들을 낳은 하늘은 또 무엇인가? 티끌 같은 세상에 태어나 화복길흉의 우여곡절을 겪으며 살아가는 보잘 것 없는 나의 삶은 어디로부터 와서, 무슨 인과로 이다지도 험하게 살다가, 끝내는 어디로 가는 것일까? 모르는 것은 언제나 아는 것에 비하여 많고 만나서 겪어야 할 사람도 많고 일도 많지만, 지나고 나면 삶이란 한바탕의 꿈과도 같다.

많은 사람들이 꽃다운 청춘을 일장춘몽처럼 보내고 세월의 무상함을 노래한다. 꿈 같은 삶 속에서 진리를 찾아 나름대로 진실된 삶을 산 사람들도 물론 적지 않다. 그분들은 한결같이 변화하는 현상과 변치 않는 진실의 양면성에 대하여 깊이 생각하였다. 그러한 생각들은 여러 가지 말들을 통하여 전해져 오고 있다.

가령 보편과 특수, 본체와 현상, 영원과 상대, 성聖과 속俗, 체體와 용用, 이理와 기氣, 형이상과 형이하, 성性과 심心 등의 같은 말들이 그것이다. 이러한 말들은 진실된 삶과 거짓된 삶, 바람직한 삶과 그릇된 삶, 착한 삶과 나쁜 삶의 기준을 고민하면서 나온 개념들이다. 여기에서 이들 개념들을 자세하게 설명할 생각은 없다.

말하고 싶은 것은 영원한 보편과 현상적 특수가 넘을 수 없는 벽에 의하여 갈라진 두 세계가 아니라는 사실이다. 달리 말하자면 성스러운 삶과 속된 삶이 하늘과 땅처럼 벌어지지 않았다는 것이다. 자연 만물은 신성한 신과 고립되어 존재하는 별세계가 아니라는 말이다.

놀랍게도 진흙과도 같은 더러운 지금·여기의 세속적 삶 속에 고상하고 때묻지 않고 고결한 진리가 감추어져 있다. 낮은 것을 땅이라 하고 높은 것을 하늘이라 하는데 이 둘은 본래 하나라는 것이다. 비천한 것이 사람이고 고상한 존재를 신이라 하는데 이 둘은 본래 하나라는 것이다.

어떻게 그럴 수 있을까? 우리는 왜 우주 만물은 굳어진 하늘이며, 사람은 생각하고 말하는 하늘이라고 하는가? 또한 천주는 어떤 경우에도 활동하는 조화로부터 떨어질 수 없으며, 부모를 떠나서 따로 천지가 있지 아니하며 천지를 떠난 부모도 또한 있을 수 없는가? 사람은 누구나 한울님이 아닌 사람이 없건마는 어떻게 하여 성인과 범인으로 갈라지게 되었는가?

이러한 문제는 인류 역사상 수많은 학자들에 의하여 제기되었으며 나름대로의 해답이 제시되고 있다. 그렇지만 의암의 『무체법경』만큼 이 문제를 뚜렷하고 선명하게 설명한 경우도 없다. 『무체법경』의 목적은 전적으로 이 문제에 대한 명쾌한 대답을 하기 위하여 작성된 듯하다. 그런데 『무체법경』의 결론은 1914년 발표한 「법문法文」의 몇 마디로 다시 요약된다. 이야기가 복잡해지기 전에 먼저 「법문」부터 감상하자.

너 는 반 드 시 하 늘 이 하 늘 된 것 이 니

너는 반드시 하늘이 하늘된 것이니, 어찌 영성이 없겠느냐. 영은 반드시 영이 영된 것이니, 하늘은 어디 있으며 너는 어디 있는가. 구하면 이것이요 생각하면 이것이니, 항상 있어 둘이 아니니라.

「법문」은 간단명료하다. 사람은 하늘이 하늘된 것이므로 영성적 존재이며 하늘과 사람은 둘이 아니라 하나라는 것이다. 너무 간단하여 의미가 잘 전달되지 않으므로 조금 풀어서 설명할 필요가 있다. 고대로부터 동양인의 사유를 풀어내던 역易을 빌어 이 문제를 조금 더 생각해 보자. 역은 하늘을 시간으로 펼쳐 낸 탁월한 설명 체계이다.

「복희역伏羲易」〈차서次序〉는 한울님과 우주 만물의 관계를 그려내고 있다. 역은 무위이화하는 하늘의 조화를 법칙화한 것이다. 맨 위에 태극太極이 있고, 다음에는 음양陰陽 양의兩儀가 있다. 태극이 처음으로 음과 양 둘로 갈리는 것이다. 태극은 고요한 자리이며 음양에서부터 활동이 시작된다. 태극으로 표현되는 한울님 한 분만 계셨으나 음양으로 갈리면서 최초의 활동이 나타난다.

한울님은 비록 모든 것을 할 수 있지만 활동이 없으므로 오직 고요에 머물 뿐이었다. 그런데 음양이 갈라지면서 비로소 활동이 시작되어 우주가 태동하게 되었다. 음양은 태극이 갈라진 것이므로 밖으로 드러난 모습은 음과 양이지만 안에 간직한 것은 태극이다. 이 점이 매우 중요하다. 음양에는 태극의 바탕이 깔려 있으며 태극 없이 음양은 드러날 수 없다. 태극이 어디 허공에 있는 것이 아니라 음양 안에 있다는 점을 강조하기 위하여 복희는 그림으로 그려 놓았다.

이른바 '유일신'론자는 태극과 음양의 관계에 동의하지 않을 것이다. 태극이 음양 안에 고스란히 간직되어 있다는 사실을 이해하지 못하기 때문이다. 유일신론은 유일신이 음양을 초월하여 따로 존재하는 것처럼 생각한다. 솔직히 말하면 귀신 중의 왕귀신으로서의 소위 유일신이란 미신에 불과하다. 이들은 신이 오직 하나라는 말의 의미를 이해하지 못한다.

태극이라는 하나가 음과 양이라는 둘로 드러난다. 태극이 음양의 두 기운으로 드러나지 않으면 오직 한울님 한 분뿐이므로 기운 활동도 없으며 우주 만물도 존재할 수 없다. 한울님 홀로 존재하는 세상은 어떤 활동도 없는 무無의 세계다. '하나'란 바로 바로 무無·공空·허虛 등으로 묘사할 수 있다. 둘이 있으므로 비로소 활동이 시작되었고 우주도 생겨나게 되었다.

음양이 각각 다시 둘로 나뉘면 넷이 되는데 이를 사상四象이라 한다. 양도 음양 둘로 갈리고, 음도 음양 둘로 갈린다. 세포 분열을 생각하면 이해하기 쉽다. 사상은 태음太陰, 태양太陽, 소음少陰, 소양小陽으로 태극기의 주위에 그려진 건곤감리乾坤坎離가 그것을 상징한다.

사상은 각각 다시 음양으로 양분된다. 그리하여 건태리진손감간곤乾兌離震巽坎艮坤의 팔괘八卦가 나온다. 이 팔괘가 역의 기본이 된다. 팔괘를 한 번 더 나누면 16괘가 되고, 다음 단계는 32괘가 되고 마지막으로 복희 64괘가 완성된다. 64괘를 계속해서 2개씩 다시 나누게 되면 128, 256, 512, 1024… 식으로 연장해 나갈 수 있을 것이다. 컴퓨터에 관심이 있는 사람은 이 숫자가 이진법임을 금방 알아차린다. 역易은 우주 창조를 이진법으로 설명한다.

2진법으로 컴퓨터가 수많은 색깔과 소리 등을 표현해 내듯이 역은 음양으로 우주 만물을 다 만들어 낼 수 있다고 보았다. 디지털이 표현하는 색깔과 소리는 모두 0과 1의 조합이듯이 음양이 고르게 조화를 이루면 백천만물이 모두 이로부터 나온다. 따라서 삼라만상 안에 음양이 있고 태극이 있다. 만물을 떠나서 따로 태극이 있는 것이 아니다. 이 이야기를 하려고 다소 길게 태극, 음양, 사상, 팔괘를 소개하였다.

인간만이 자신 안의 태극을 온전하게 깨달을 수 있다

역을 여기에서 말하는 이유는 간단하다. 역은 바로 천주와 조화 기운의 관계를 보여 주기 때문이다. 우리들이 보는 다양한 현실은 음양의 두 기운으로 구성된 세계이다. 역과 디지털은 똑같이 이진법이지만 디지털에는 태극이 없기 때문에 생명이 없다. 즉, 컴퓨터의 최상위는 0과 1이라는 음양 단계이다. 반면 생명은 음양에서 나왔지만 음양에는 태극이 들어 있다. 모든 생명은 태극의 발현체이지만 디지털 세계는 0과 1의 발현체이다. 이 점이 디지털 세계와 생명계의 차이이다. 이렇게 보면 로봇과 인간의 차이가 무엇인지를 알 수 있다.

아이작 아시모프라는 공상과학 소설가는 인간적 감성과 사랑을 느낄 수 있는 로봇이 등장하는 공상과학 소설을 저술하여 유명해졌지만, 로봇은 어떤 경우에도 인간이 될 수 없다. 왜냐하면 이진법의 세계에는 태극이 없기 때문이다.

컴퓨터 공학이 다른 것은 모두 만들 수 있겠지만 태극을 만들어 낼 수는 없다. 인간도 태극을 만들 수 없다. 태극은 모든 만물의 창조주이기 때문에 만들 수 없는 것이다. 신이 할 수 없는 일이 딱 두 가지가 있는데, 하나는 또 다른 신을 만드는 일이며 다른 하나는 자신이 만들어 낸 창조물을 미워하는 일이다. 제2의 신이란 없다. 신은 오직 하나다. 그런데 사람만이 하나의 신을 깨달을 수 있다. 즉 인간만이 자신 안의 태극을 온전하게 깨달을 수 있다.

인간은 태극은 만들 수 없지만 마음은 만들 수 있지 않겠는가 하는 질문이 가능하다. 물론 마음은 만들 수 있다. 그러나 인간이 만들 수 있는 마음은 물질과 연계된 마음이지, 물질에서 자유로운 마음은 아니다. 사람이 사람된 것은 물질에서 자유로운 마음이 있기 때문이다. 만약 하늘 마음을 만들 수만 있다면 사람과 똑같은 로봇을 만들 수 있다. 그러나 그것은 불가능하다. 왜냐하면 하늘 마음은 논리로 만들 수 없기 때문이다. 수운이 '그렇지 않다(不然)'고 하는 이유도 여기에 있다.

불연은 어떤 경우에도 알 수 없다. 오직 마음이 하늘과 하나가 될 때 비로소 알 수 있는 세계이다. 그렇게 되면 불가능이 가능해지고, 없던 것이 창조되고, 암흑이 대낮처럼 밝아지고, 들리지 않던 소리가 들리게 된다. 그리하여 세상 모든 사람들이 알지 못하는 것을 혼자서 알게 된다.

수운은 하늘 길을 가게 되면 사람은 자연스럽게 지상신선이 된다고 한다.

입도한 세상 사람 그날부터 군자 되어 무위이화 될 것이니 지상신선 네 아니냐 이 말씀 들은 후에 심독희자부로다.

지상신선이란 바로 하늘 마음이 되는 것이며, 태극을 깨닫는 것이며, 불연을 아는 것이다.

해 가 밝 은 것 은 사 람 마 다 볼 수 있 고
도 의 밝 은 것 은 나 홀 로 안 다

해월 또한 알 수 없는 세계를 아는 즐거움을 "해가 밝은 것은 사람마다 볼 수 있고 도가 밝은 것은 나 홀로 안다."고 하였다. 어찌 혼자만 알겠는가? 이 길을 가는 사람은 누구나 이런 즐거움을 느낀다. 이 경지는 오직 하나이기 때문에 모두 똑같이 느끼는 것이다.

의암은 통도사 내원암의 적멸굴을 처음으로 순례하면서 "이곳에 다시 오는구나."라고 노래했는데 이는 예전에 이곳에서 수도하던 수운의 마음과 하나가 되었음을 뜻한다.

내가 일찍이 양산 통도사에서 수련할 때에 활연히 '옛적에 이곳을 보았더니 오늘 또 보는구나." 하는 시 한 구를 불렀으니, 이것은 대신사의 옛적과 나의 오늘이 성령상 같은 심법임을 말한 것이니라.

이 경지는 지극히 주관적인 경지인 것 같으면서도 모든 수련하는 사람들이 궁극적으로 이르는 객관적인 경지이다.

그러므로 이 마음에 들면 인류 역사상 위대한 성인들과 내가 하나요, 우주 만물과 내가 또한 하나요, 60억 인류가 또한 한 마음이라는 사실을 깨닫게 된다. 옛 성인과 하나요, 지금 사람과 하나요, 자연과 하나이다. 여기에 이르면 종교 통일과 인류 통일과 세계 통일이 자연스럽게 이루어질 수밖에 없다. 모두가 한 몸으로 돌아가기(同歸一體) 때문이다.

사 물 마 다 하 늘 이 요 , 일 마 다 하 늘 이 라

자연 만물의 근본 바탕에는 모두 태극이 있으며 이를 물물일태극(物物一太極)이라 한다. 논리로 만들어 낸 마음은 어떤 경우에도 논리를 넘어선 태극을 알 수 없다. 해월은 사물마다 하늘이요, 일마다 하늘(物物天事事天)이라고 하였는데, 이를 알 수 있는 마음은 만들어진 마음이 아니다. 하늘 마음만이 하늘을 알 수 있다.

역(易)이 보여 주고자 하는 것은 태극이 만물을 떠나서 따로 존재하지 않고 그 안에서 작용하고 있음이다. 그러나 태극은 만물 안에 있지만 만물에 구속되지 아니하며 만물을 만들어 낸 근원이다. 이러한 태극을 통체일태극統體一太極이라고 한다. 천도교에서는 '무극대도'라고 한다. 무극대도는 천도의 근원성과 초월성을 강조하기 위한 개념이다.

그렇지만 무극대도는 먼 곳에 있는 것이 아니라 우리 일상의 매매사사에 있으니 참으로 신묘하다. 무극대도가 멀고, 어렵고, 높은 곳에 있는 것이 아니라 가깝고, 쉽고, 낮은 곳에 있으니 현묘하다고 하는 것이다. 이를 이해하게 되면 해월이 '땅을 어머니 살처럼' 공경하라고 한 이유를 알게 된다.

땅을 소중히 여기기를 어머님의 살같이 하라

해월은 38년 동안이나 조선 정부의 수배(揷目)를 피하여 전국을 돌아다닌 만큼 많은 일화들을 남겼다.

한번은 어린이가 나막신을 신고 딱딱 소리를 내면서 마당을 가로질러 가니 해월은 가슴을 쓸어내렸다고 한다. 땅의 아픔을 자신의 아픔으로 똑같이 느꼈던 것이다. 여기에서 자연 사물과 해월의 마음이 하나로 연결되어 있음을 알 수 있다. 그러므로 해월은 "땅을 소중히 여기기를 어머님의 살같이 하라."고 하였다. 사람은 한울님과 뗄 수 없는 긴밀한 관계에서 살아가기 때문에 어떤 경우에도 벗어날 수 없다. 물고기가 물을 떠나서 살 수 없듯이 사람은 한울님을 떠나서 살 수 없다.

사람과 자연은 둘이 아니다. 이를 알아 사람이 자연을 극진하게 공경하게 되면 만물이 좋아한다. 자연 사물을 공경하라는 경물敬物은 동서양을 통틀어 찾아보기 어려운 고귀한 사상이다. 사물을 공경하는 것이 곧 한울님을 공경하는 것이라는 가르침은 해월이 인류에게 처음으로 베푼 가르침이다. 자연 사물까지 한울님으로 보게 될 때 우리는 도덕의 극치에 이르게 된다.

만물이 시천주 아님이 없으니 능히 이 이치를 알면 살생은 금치 아니해도 자연히 금해지리라. 제비의 알을 깨치지 아니한 뒤에라야 봉황이 와서 거동하고, 초목의 싹을 꺾지 아니한 뒤에라야 산림이 무성하리라. 손수 꽃가지를 꺾으면 그 열매를 따지 못할 것이요, 폐물을 버리면 부자가 될 수 없느니라. 날짐승 삼천도 각각 그 종류가 있고 털벌레 삼천도 각각 그 목숨이 있으니, 물건을 공경하면 덕이 만방에 미치리라.

한울님을 어디에서 찾을 것인가? 자연을 공경하게 되면 하늘의 덕에 합하여 그 덕이 우주 끝까지 널리 퍼지는 것은 당연한 도리이다. 이때 만물이 거동하여 나에게 들어오게 된다. 그때 비로소 천하의 덕과 하나가 될 수 있다. 그렇게 되면 무엇이 무엇을 더럽힐 수 있으며 어떤 것이 어떤 것을 물들일 수 있겠는가? 해탈과 자유의 비밀이 이곳에 있다.

티 끌 을 씻 으 면 본 래 하 늘 이 있 고

티끌이 한울님인 줄 알지 못하므로 사람들은 한울님을 영광의 빛으로, 티끌은 더러운 먼지로 여겨 양 극단에 사로잡히게 된다. 노자는 '화광동진和光同塵'이라 하였다. 빛과도 함께 어울리고 티끌과도 함께 하니 빛과 티끌의 양극에 떨어지지 아니한다.

원효는 파계하여 호리병을 차고 저잣거리를 떠돌면서 '나는 어느 곳에

도 매이지 않은 자유인이며 삶과 죽음이 본래 하나'라는 뜻을 가진 〈무애가無
礙歌〉를 부르며 전국을 방랑하였다고 한다. 『대승기신론소』를 통하여 원효는
진여문과 생멸의 문을 동시에 열어 주어 내 마음이 성스러움과 속됨에 하나
로 통해 있으며, 삶과 죽음에 하나로 통해 있음을 철학적으로 보여 주었으며
직접 실천을 하였다.

　　티끌은 한울님의 드러난 모습으로 모든 사람들이 티끌이라고 하나 실은
한울님이다. 의암은 "티끌을 씻으면 본래 하늘이 있고, 해로움을 멀리 하면
악한 사람은 없다."고 하였다. 마음이 티끌에 매이니 보이는 것이 티끌이며
마음이 편협함에 머무니 그것이 악이다. 티끌에서 한울님을 보고 마음이 하
늘같이 넓다면 어떤 것이 하늘이 아니고 누구에게 하늘 마음이 없겠는가? 그
렇지만 세상 사람은 티끌에 마음을 빼앗기고 편협한 생각에 마음을 빼앗기
니 여기에서부터 백년의 우울증이 생기게 된다.

　　'나'라는 티끌과 물건이란 티끌이 도시 한 티끌이니 어찌 여기에 물들
며 저기에 물들겠는가. 그러나 나는 정이 있고 만물은 정이 없으니, 정 있는
것으로써 정 없는 것을 빼앗는 것은 이치가 본래 그런 것이라.

정 있는 마음이 정 없는 사물을 빼앗는 것을 물들었다고 할 수 없다는 것은 세상 이치가 본래 그러하기 때문이다. 정 없는 사물은 스스로 움직이지 못하니 하늘 이치에 따라서 움직일 뿐이나 사람은 마음이 있기 때문에 스스로 움직인다. 그러므로 스스로 움직이는 물건이 움직이지 못하는 물건을 쓰는 것을 어찌 물들었다고 할 수 있겠는가?

비록 물건을 접하고 사람을 대하지만(待人接物) 내 마음이 거울처럼 물들지 않고 움직이지 않는다면 어떻게 티끌에 물들었다 말하며 어떻게 물욕에 이끌렸다고 하겠는가? 그러나 세상 사람은 이런 고요한 하늘 마음을 지키지 못하고 눈앞의 사물에 마음이 흔들리고 빼앗기기 때문에 밖의 사물에 따라서 마음이 요동친다. 그러면 마음은 본래의 자유를 잃어버려 사물의 노예가 된다. 이를 두고 마음을 빼앗겼다고 하고 물들었다고 한다.

마음이 본래 비었으니 티끌이 어느 곳에 붙으랴

성인은 자기의 마음을 굳건하게 지켜 물건을 쓰지만 물건에 얽매이지 아니하고, 밥을 먹지만 밥의 노예가 되지 아니하고, 잠을 자지만 정신을 잃지 아니하여 사람이 들고 나는 것을 다 안다. 이러한 마음이 해탈된 마음이며 자유 마음이다.

자유 마음은 남들과 똑같이 세상에 살지만 세상으로부터 자유롭다. 그 마음에는 고정된 체가 없으니 고집할 것은 무엇이며 마음이 본래 비었으니 붙을 것이 무엇이 있겠는가. 의암은 "만약 본래 거울을 없이 하면 많은 티끌이 어느 곳에 붙으랴."하고 읊었다. 흔히 마음을 거울에 비유하고 수도를 거울의 때를 닦는 데 비유하지만 거울이 없는데 닦을 때가 어디 있겠는가. 이것이 티끌 세상으로부터 해탈하는 법이다. 티끌이 본래 한울님임을 알게 될 때 우리는 해탈의 자유를 노래하게 되는 것이다.

내 마음의 한쪽은 무한 존재요, 다른 한쪽은 무궁 활동이다. 존재와 활동은 본래 하나이므로 대만 철학계의 대부라고 할 수 있는 모우종산(牟宗三)도 중국 철학의 특색을 '존재와 활동의 일치'라 하였다. 존재를 활동과 떼어 낼 수 없다는 것이다. 가령 예를 들면 '나'라고 하는 존재는 한시도 쉬지 않고 바뀐다. 생각도 바뀌고, 폐의 공기도 바뀌고, 혈액도 바뀌고, 세포도 바뀐다. 그 변화가 무쌍하여 도무지이 알 수가 없다.

만약 이렇게 활동하고 있는 나의 생명을 잠시 정지시킨다고 생각해 보라. 정지된 '나'를 '나'라고 할 수 있는가? 그럴 수 없다. 부단히 생각하고, 부단히 대기와 호흡하고, 부단히 우주 기운과 소통해야 살아 있는 '나'이지 정지된 것은 주검이다. 철학적 개념으로 보면 어렵지만 조금 생각하면 쉬운 이야기이다. '나'라는 존재는 생생하게 살아 움직이는 '나'의 활동과 떼어 놓고 생각할 수 없다는 것이다. 그러므로 모우종산은 '존재는 곧 창조성 자체 creativity itself'라는 명제를 제시한다.

창조하는 삶이 도인의 삶이다

창조성이란 부단히 새롭게 창조한다는 것이다. '나'는 조금 전의 '나'도 아니고 어제의 '나'도 아니다. '나'는 부단히 창조되는 그 자체라는 것이다. 만약 이렇게 창조적이지 않다면 나는 구태의연하게 된다. 낡은 고물이 되는 것이다. 죽음에 가까워지는 것이다.

생명은 날마다 새로워지는 것이다. 도는 날마다 창조하는 것이다. 창조하는 삶이 도인의 삶이다. 도인은 우주 변화와 함께 움직인다. 이를 중국 철학에서는 오목불이於穆不已, 건행불식健行不息, 생생불식生生不息, 자강불식自强不息 등의 어려운 개념으로 표현하였지만, 한마디로 말하면 도는 쉬지 않는다는 것이다.

성공한 사람들의 공통점은 쉬지 않는 성실함이다. 그러므로 정성이야말로 예로부터 하늘의 길이자 사람의 길이라 하였던 것이다. 정성이야말로 일을 이루는 근본 이치이며 중심이다. 그러므로 정성이 없이 이룰 수 있는 일은 아무 것도 없다.

동양적 전통은 구체적 현실에서 고요한 본체를 찾는다. 고요한 본체를 현실의 흐름에서 고립시키거나 독립시키지 않는다. 한울님은 자연을 떠나 다른 곳에 있지 않다. 마치 '나'라는 존재를 지금 글을 읽으면서 동시에 호흡하고, 또한 생각하고, 그리고 우주 기운과 소통하는 지금 여기의 자신과 독립시켜 따로 생각할 수 없듯이 한울님은 자연 활동과 고립시켜 생각할 수 없다.

그러나 서양의 형이상학은 마치 고립된 어떤 절대자, 무한자, 영원자가 따로 있는 것처럼 생각했다. 여기에서부터 사람이 가야 할 길을 도출해 내는 것을 '형이상학적 도덕'이라 한다. 그렇지 아니하고 살아 움직이는 현실이 어떻게 그렇게 생생하게 되었는지를 찾다 보니 한울님을 발견하는 것을 '도덕 형이상학'이라고 한다.

동학·천도는 수운이 한울님을 만나고 보니까 자신의 삶 전체와 자연 전체에 한울님이 작용하고 있음을 알아 논리로 밝히는 것이지, 결코 어떤 절대자를 상정해 놓고 철학적 사색을 깊이 한 뒤에 이로부터 사람이 가야 할 길을 찾아낸 도덕이 아니다. 조금 어렵게 들릴 수 있으나 동학·천도의 한울님은 결코 사람의 생각으로 만들어 낸 것이 아니라 지금·여기에서 살아 움직이는 창조하는 한울님이다. 살아 계신 한울님이다. 이 살아 움직이는 한울님이 없이는 우주의 그 어떤 것도 있을 수 없다. 한울님은 자연의 변화와 함께 하는 존재이다. 이 점을 가장 잘 밝힌 부분이「포덕문」이다.

수운은 이와 같은 자연 변화를 사람이 온전하게 이해한 것은 오제五帝에 이르러서부터라고 하며 농경문화가 이로부터 시작된다. 천지 운행에 대한 지식은 때에 따라서 씨를 뿌리고 거두는 농업 문명에 가장 먼저 적용되었다. 우주의 운행 법칙에 대한 이해는 비단 농업 생산에만 영향을 준 것이 아니라 사람이 마땅히 가야 할 길과 실천해야 할 행위를 정립하는 도덕 형성에 큰 영향을 끼쳤다. 자연 운행에 대한 이해를 일과 사람에 응용함으로써 문명이 형성되었다.

유학자들은 계절의 순환을 춘하추동春夏秋冬이라 하였고, 하늘의 길을 원형이정元亨利貞이라 하였고, 사람이 이를 따르는 것을 인의예지仁義禮智라 하였다.

수운은 우주 운행의 늘 그러한(常然) 법칙을 공경하고 따르는 것을 경천순천敬天順天이라 하여 사람이 가야 할 길이라고 하였다. 수운은 하늘의 이 변치 않는 법을 공경하여 따르는 것이야말로 삼황오제三皇五帝 성현들도 지키던 바며 자신이 오만년 만에 회복한 도덕이라 하였다. 자연의 변치 않는 도를 온전히 따르는 것을 무위이화無爲而化라는 노장적 개념을 사용하여 설명하기도 한다. 이는 자연의 이치 기운에 완전히 통합되어 한치의 어그러짐도 없는 경지라 하겠다. 「포덕문」의 첫머리에서 우주 만물의 운행은 다름 아닌 천주의 자취이며, 이것을 가능케 한 것은 천주의 조화라는 점을 밝히고 있다.

그러나 어리석은 사람들은 이를 알지 못하고 자연의 운행은 어떤 절대자의 명령에 의하여 이루어지는 것으로 생각하거나 또는 자연 스스로 무슨 앎이 있어 스스로 움직이는 것으로 생각한다고 하였다. 하지만 이렇게 생각하는 것은 아직까지 진리에 이르지 못한 소치라고 하였다. 왜냐하면 어떤 절대자가 자연이 운행하는 것을 본 사람도 아직 없으며 자연이 스스로 알아서 한다고 해도 석연치 않기 때문이라고 하였다. 「논학문」에서 이 문제는 다시 거론된다. 지금까지 사람들은 자연 운행을 어떤 사람은 초월적 절대자의 은총으로 보거나(天主之恩) 아니면 자연이 스스로 화해 나는 자취일 따름이라는(化工之迹) 양분된 견해에 머물러 있었다.

하늘 길이 자연의 길이며 사람도 또한 그 길을 걷는다

수운은 한울님을 만나 가르침을 받고 보니 이러한 견해들은 치우친 견해임을 알게 되어 중도를 찾게 된다. 그리하여 천주라는 것도 자신의 마음(吾心卽汝心)이며, 귀신이라는 것도 천주(鬼神者吾也)라는 사실을 깨달아 하늘과 사람이 하나이고 하늘과 자연이 또한 하나라는 진리를 깨닫게 되었다. 그리하여 '천지 역시 귀신이요 귀신역시 음양'이라고 하였다. 이렇게 하여 하늘·땅·사람이 실상은 하나로 통해 있음을 천하에 밝고 밝게 드러냈다.

수운은 천지인天地人을 하나로 통일시킨 것이다. 천지·귀신·음양이 하나로 통일된 것이다. 천지란 형상 없는 이치 세계의 근본이며, 귀신은 사람을 움직이는 근본이며, 음양은 자연을 움직이는 근본이다. 셋을 관통하는 근본이 본래 하나인 한울님이다. 하늘의 법은 자연의 운행 법칙과 다르지 않으며 또한 사람의 도덕과 다르지 않다. 즉 하늘 길이 자연이 가는 길이며 또한 사람도 그 길을 걷는다.

이렇게 본다면 우주 순환은 천주의 드러난 모습이며 조화의 자취 이외의 다른 것이 아니다. 자연이란 한울님과 그 조화의 기운이 형상화된 것이다. 한울님의 조화 기운은 사람의 마음과 같으므로 곧 천주와 우주 자연은 사람 마음과 하나로 통해져 있다는 것이다. 하늘·땅·사람이 이 하나의 이치 기운으로 통해져 있으므로 '천·지·인은 도시 한 이치 기운뿐이니라. 사람은 바로 하늘 덩어리요, 하늘은 바로 만물의 정기'라 하겠다.

의암에 이르러 천지·귀신·음양은 각각 성심신性心身으로 바뀌어 완전히 인간화·내면화한다. 그리하여 내 본성은 성천性天이며, 내 본심은 심천心天이며, 내 몸은 신천身天으로 표현되어 하나의 한울님이 본성, 본심, 몸으로 화하였음을 밝혔다.

이 진리는 동학에 의하여 최초로 창명되었으며 완성되었기에 '만고없는 무극대도'라 하여 그 독창성을 강조하였다. 사계절의 자연 순환은 천주 조화의 드러난 모습일 뿐이므로 자연을 떠나서 따로 천주가 없으며, 천주를 떠나서 또한 자연도 없다. 천주와 자연은 또한 사람과 동떨어져 따로 존재하지 않으니 사람의 마음은 천주·자연과 더불어 함께 돌아간다.

천주 조화와 사계절의 관계를 무형 유적無形有跡으로 말할 수 있다. 천주 조화는 형상이 없고 사계절은 자취가 있다. 천주 조화와 자연 순환은 안팎의 관계로 서로 떼어 놓을 수 없다. 이 둘을 따로 떼어 놓고 생각하는 것은 중中을 잡지 못한 견해다. 무형 유적은 동학·천도의 진리를 표현하는 새로운 말이다. 수운, 해월, 의암 모두 무형 유적으로 천도의 특성을 말하였다.

자 연 은 신 의 자 취 다

이제 우리는 "자연은 신의 자취다."라는 대답을 할 수 있게 되었다. '우주는 원래 영의 표현'인 것이다. 자연 만물 안에서도 하늘 길은 이어지고 있다. 만물에서 작용하는 하늘 길을 보는 것을 의암은 견성見性이라고 하였다. 견성이란 만물의 겉모습을 관통하여 진리 본체인 하늘을 보는 것이다.

견성하게 되면 하늘·사람·자연의 경계를 갈라 놓는 장애물을 넘어서게 되므로 이를 해탈이라고 한다. 해탈이란 일체의 물질적 장벽으로부터 자유로우며, 마음의 희로애락으로부터도 자유로우며, 종교적 성스러움으로부터도 자유로운 것이다. 의암은 이러한 경지를 공도공행公道公行이라 하였다.

비록 '지금·여기'에서 살고 있지만 이 사람은 하늘의 뜻에 따라서 하늘을 위하여 하늘의 일을 한다. 이러한 경지에서 본다면 천상의 옥경대에 절대자가 있어 모든 일을 주관한다는 관념이나 자연에도 앎이 들어 있어서 저절로 그렇게 될 뿐이라는 생각이 얼마나 어리석은 생각인지 알 수 있다. 수운 이전의 사람들은 그러한 생각의 노예로 살아왔으며 아직까지 이런 생각에서 벗어나지 못하는 사람들이 많다. 천주가 자연을 떠나서 따로 있지 아니하며 천주와 자연은 사람을 떠나서 따로 있지 아니하다. 물론 사람을 떠나 천주가 따로 있지 아니하다.

수운은 「수덕문」에서 천도는 만물의 근원이며, 만사에 형통하며, 일체에 이로우며, 오로지 깨끗하다(元亨利貞)고 하여 역易을 빌어 하늘 길을 설명한 뒤 사람의 일은 오직 중을 잡는 것이라고(惟一執中) 하여 요·순·우堯舜禹를 통하여 전해져 왔다는 '윤집궐중允執厥中'을 상기시킨다. 집중執中에 대해서는 수많은 종교와 철학이 강조하지만 한마디로 하자면 하늘·땅·사람을 관통하는 하나의 한울님을 잡으라는 뜻으로 볼 수 있다. 그러할 때 「포덕문」과 「논학문」에서 수운이 말하는 것처럼 강의 양변에 잡히지 않고 강의 가운데로 흘러 바다에 이르게 된다고 하겠다.

서학이 말하는 만유의 창조자이며 주재자로서의 초월신 관념을 수운이 왜 비판하는지 알 수 있다.

천상에 상제님이 옥경대 계시다고 보는 듯이 말을 하니 음양 이치 고사하고 허무지설 아닐런가.

상제님은 옥경대에 계신 것이 아니라 음양 이치 그 자체인 것이다. 음양을 떠나서 따로 절대자를 찾는 것은 아직 자연 안에서 작용하는 음양의 하늘을 모르는 허무한 이야기라는 것이다. 천상의 옥경대에 상제님이 있다고 주장하는 마테오리치 식의 천주 관념은 허무맹랑한 소리라는 것이다.

자연 속에서 약동하는 힘을 하나의 혼원한 한울님 기운이라 할 수 있으며 일상생활에 간섭하고 명령하고 통일하는 한울님을 기화지신氣化之神이라 할 수 있다.

혼원일기와 기화지신은 수운의 표현이고 음양은 전통적 표현이다. 따라서 음양 이치를 떠나서 따로 한울님이 존재하는 것이 아니다. 그러므로 어디를 가도 한울님밖에 없으므로 구도자에게는 외로움이 없다. 인도의 사카르는 "별을 안내하는 그 힘이 그대 또한 안내한다."고 하였다. 만물에 내재해 언제 어느 곳에서나 작용하고 있는 신을 수운은 기화지신이라 표현하였고, 해월은 물물천사사천物物天事事天이라 하였고, 의암은 형형색색조화천形形色色造化天이라고 하였다.

『시경詩經』에는 "솔개는 하늘을 날고 물고기는 연못에서 뛰논다."라는 유명한 구절이 있다. 유학을 하는 사람들은 누구나 알고 있는 시 구절이다. 땅속에서는 개미들이 질서정연하게 집을 짓고 사회를 이루어 살아가고 있으며, 물 위에는 잠자리가 날아다니고, 연못 바닥에는 우렁이가 기어다닌다. 어디 그뿐인가? 서해의 바다에는 왕새우가 뛰놀고 동해의 푸른 바다에는 고래가 춤추고 있다.

우주 삼라만상을 휘돌아 보면 모두가 희열에 넘치는 춤을 추고 있다. 움직이지 않는 것은 아무 것도 없다. 모두가 춤추고 있다. 먼지까지 춤추고 있다. 이 약동하는 만물의 기운이 있으므로 창조도 있고 우주도 있다. 하늘의 쉬지 않는 창조 활동을 덕이라고 하겠다.

우리는 단지 마음을 열기만 하면 된다

하늘의 덕이 아닌 것은 없다. 하늘의 덕은 때로는 사랑하는 사람을 통하여 오시기도 하고, 때로는 낯선 이방인의 얼굴로 다가오기도 한다. 때로는 세상에서 가장 화려한 모습으로 그대의 눈을 휘둥그레하게 만들기도 하고, 때로는 세상에서 가장 소박한 모습으로 오기도 한다. 어떤 때는 부자의 모습으로, 어떤 때는 가난뱅이의 모습으로 오기도 한다. 건강한 모습으로 삶을 찬미하는가 하면, 가난하고 늙고 지저분한 모습으로 삶의 고통을 보여 주면서 겸손과 분발을 부추기기도 한다.

이 무량수의 모습으로 매순간 다가오는 한울님을 만나기 위해서 우리는 단지 마음을 열기만 하면 된다. 그러면 쏟아지는 햇살처럼 하늘의 빛이 영원히 사라지지 않을 것 같았던 어둠을 한순간에 물리칠 수 있다. 그분이 오심으로써 몸의 질병과 마음의 집착 그리고 영성에의 목마름이 한꺼번에 해소된다. 그러하니 어떻게 한울님을 공경하지 않을 수 있겠는가? 해월은 "장대비처럼 쏟아지는 것을 누가 능히 막겠는가."라고 하였다. 쏟아지는 소낙비를 누가 피할 수 있겠는가? 그러나 다이아몬드보다도 더 견고한 아집의 성을 쌓은 사람은 홍수에 떠내려 가면서도 목마르다고 부르짖을 것이다.

하 늘 에 게 이 방 인 은 없 으 며

칼릴 지브란은 이방인과의 만남에서 한울님을 느끼곤 하였던 모양이다. 그러므로 그는 말한다.

나에게 낯선 지방에서 길을 가르쳐 주는 사람도 이방인이며, 한낮의 작열하는 태양 빛을 가려 주고 시원한 물을 주는 사람도 낯선 사람이며, 여행으로 지친 몸을 눕힐 수 있는 방을 제공해 준 사람도 모르는 호텔 주인이며, 나에게 가장 맛난 빵과 치즈를 제공해 준 사람도 생전 못 본 낯선 요리사이며, 그리하여 기나 긴 여행을 마칠 즈음에 나에게 영원의 휴식을 마련해 주는 사람도 타인이다.

이방인에 대한 경계가 분명하여 관용을 모르던 사막의 종교를 간접적으로 비판하고 있는 것이다. 하늘에게 이방인은 없으며 모두가 이웃이며 형제자매이다.

하늘의 덕이 미치지 않는 곳이 없으며 하늘의 기운이 통하지 않는 곳이 없다. 하늘은 때로는 동물을 통해서 자신을 드러내기도 하고, 때로는 식물의 모습으로 피어나기도 한다. 때로는 구름을 통해서 드러나기도 하고 때로는 빗줄기를 통해서도 오기도 한다.

딱따구리가 오동나무에 구멍을 뚫고 새끼를 까서 기르는 것도 한울님의 드러남이며 개미가 제 살 곳으로 도망가는 것도 한울님의 드러남이다. 빨간 딸기가 어느 날 한 송이씩 나타나다가 때가 되면 흐드러져 감당치 못할 정도로 피어나는 것도 한울님의 드러남이며, 김을 매 준 도라지밭에 단비가 내려 하룻밤에 한 뼘씩 자라는 것도 하늘의 드러남이다. 궁을 연못에 표표히 흩날리던 이름 모를 하얀 꽃 이파리도 한울님의 드러남이고 하늘을 향하여 일 자로 뻗은 낙엽송도 하늘을 숭배하는 모습이다. 뿐만 아니라 화악산 봉우리에 걸쳤던 상서로운 구름도 한울님의 드러남이며 한겨울에 화악산에 핀 희고 흰 눈꽃도 한울님의 드러남이다. 무엇 하나 한울님의 드러남이 아닌 것이 없으나 사람들은 하늘만 높은 줄 알고 풀 한 포기 돌맹이 하나도 또한 한울님의 모습이라는 사실을 알지 못한다.

자연을 노래하고 자연을 그리는 수많은 시인과 예술가들은 사물을 그렸던 것이 아니라 그 안에서 약동하는 한울님을 그렸다. 어찌 시인만 노래하겠는가? 님을 향한 넘쳐 흐르는 그리움과 님을 만난 솟아나는 기쁨을 투박한 소리라도 누구라도 읊조리면 그것으로 시가 되는 것이 아닌가?

언제 어디서나 한울님을 만나는 사람은 일년 삼백육십 일을 하루아침처럼 보낸다. 어제도 오늘 같고 내일도 오늘 같으니 시간도 이런 사람 앞에서는 무력해지고 이곳이 저곳 같고 저곳이 이곳 같으니 공간도 무색해진다. 시공간으로부터 자유로우니 이런 사람에게 이별이 있을까?

하늘에는 이별이 없으나 세상에 사는 사람들에게는 이별의 고통이 따른다. 이별은 만남에서 온다. 무릇 온 것은 가기 마련이다. 부처님은 미운 사람과 함께 있어야 하고 사랑하는 사람과 헤어지니 인생이 고통스러운 바다가 아니냐고 하였다. 의심할 바 없이 만남은 이별의 고통을 수반한다. 그렇다고 이별의 고통을 벗어나기 위해서 만남을 거부할 수도 없는 노릇이다. 지금·여기에 존재한다는 것은 만남의 인연으로 이루어졌기 때문에 만남은 부정할 수 없는 질곡이자 현실이다.

영생의 길은 주문에 있다

만남에는 이별이 따르지만 이별이 없는 만남이 오직 하나 있으니 바로 영원과의 만남이다. 유한 존재와의 만남에는 이별이 있지만 영원 존재와의 만남에는 영원만이 있을 뿐이다. 그러므로 이별을 원치 않는다면 영원과 만나야 한다.

영원은 현상계의 저편에 존재하기 때문에 영원은 아주 특별한 사람만이 만날 수 있다고 말하는 사람들이 있다. 그러나 언제 어디서나 함께 하는 한울님을 아는 사람은 영원을 만나기 위해서는 그저 마음 한번 돌리면 된다는 사실을 잘 안다.

한울님을 만나기 위해서 특별한 것이 필요한 것이 아니다. 오직 한울님을 믿고, 공경하고, 정성 들이면 된다. 그러면 유한한 세상을 살면서 영생을 즐기게 된다. 이것이 영원히 사는 길이다.

사람은 육신으로 누구나 100년을 넘기기 힘들지만 어떤 사람은 이렇게 영원을 사니 이런 사람을 일러 신선 사람이라 한다. 누구나 영생하기를 원하지만 마음이 영원을 만나지 못했으니 어떻게 영생을 기약할 수 있겠는가?

영생의 길은 주문에 있다. 주문은 한편으로는 영원한 천주를 내 몸에 모시는 길이며 다른 한편으로는 무궁한 조화에 통하는 길이다. 주문으로 새로 태어난 사람은 영생한다.

바다를 보는 사람은 바위에 부딪치면서 생겨났다가 사라지는 포말에 슬퍼하지 않는다. 끊임없이 밀려오는 바다는 바위를 만나면서 파도로 변하여 포말로 되나 바로 다음 순간에 다시 바다로 돌아간다. 하얀 포말에서 파란 바다를 보는 사람은 우주의 자기 놀이를 즐길 뿐이다. 한울님은 자신을 자연 만물 안에 감추고 나에게 다가온다. 그러므로 눈이 밝은 사람만이 한울님의 모습을 보고, 코가 열린 사람만이 한울님의 체취를 느끼고, 귀가 열린 사람만이 한울님의 노래를 감상할 수 있다.

마음을 열면 영원한 님이 찾아와 새로운 세상을 열어준다

만해 한용운은 「알 수 없어요」라는 시에서 다음처럼 노래한다.

지리한 장마 끝에 서풍에 몰려가는 검은 구름의 터진 틈으로 언뜻언뜻 보이는 푸른 하늘은 누구의 얼굴입니까. 꽃도 없는 깊은 나무에 푸른 이끼를 거쳐서 옛 탑 위의 고요한 하늘을 스치는 알 수 없는 향기는 누구의 입김입니까. 근원을 알지도 못할 곳에서 나서 돌뿌리를 울리고 가늘게 흐르는 작은 시내는 구비구비 누구의 노래입니까.

고개 들어 한번 쳐다보면 그곳에 님의 얼굴은 늘 그렇게 있었으며, 마음을 비우고 눈을 지긋하게 감으면 알 수 없는 곳으로부터 퍼져 나오는 그분의 향기에 취하고, 산들바람 부는 봄날 들녘에 나물 캐는 처녀는 겨우내 얼었던 개울가에서 님의 노래에 장단을 맞추어 남몰래 춤을 춘다. 마음을 열면 영원한 님이 찾아와 새로운 세상을 열어 준다. 이 영원의 님을 만날 때 비로소 사람은 편안함에 든다. 따스한 영원의 사랑에 빠져든다.

소월은 "나 보기가 역겨워 가실 때에는 말없이 고이 보내 드리오리다." 라고 이별을 노래했으나 보낸 님에 대한 그리움마저 보낸 것은 아니다. 만해는 "아아, 님은 갔지만 나는 님을 보내지 않았습니다."라고 하여 거부하는 몸짓으로 이별을 노래했다. 남들은 이별이 있다고 하지만 보이지 않는 님을 아는 사람에게는 이별이란 두 글자는 없다.

코발트보다 더 파란 하늘이 무한히 펼쳐지고 하얀 구름 아래로 푸른 대양을 볼 때면 광대무변한 자연처럼 내 마음도 넓어진다. 그러나 그 광대무변한 자연을 다시 내 안에서 만난다. 자연이 밖에 있다고 하지만 자연은 나와 하나의 기운으로 통해 있으니 굳이 나눈다면 안팎이지만 잠시라도 떨어질 수 없다. 혹 떨어지면 죽음이다. 밥을 먹지 않고 사는 사람은 없으며, 호흡을 하지 않고 사는 사람도 없다. 자연의 기운과 주고받는 가운데에서 우리들은 살아간다. 내가 알지 못하는 사이에도 자연의 기운은 우리의 온 몸과 마음에 통하여 작용하고 있다.

수운은 "하늘에는 아홉 개의 별이 있어 아홉 개의 지역에 응하고, 땅에는 여덟 개의 방위가 있어 팔괘에 응한다."고 하였다. 이는 하늘과 땅, 그리고 사람의 유기적 관계에 대한 유가儒家적 표현이다. '요가Yoga'에서는 하늘의 아홉 개의 별은 우리의 몸에 아홉 개의 에너지 센터(Cakra)와 상호 교신한다고 하며, 진리의 중심에 이르는 문이 64개가 있다고 한다. 여기에서는 음양오행에 대한 이야기로 한울님과 자연 그리고 사람의 관계에 대하여 한번 더 생각해 보자. 마음을 한껏 열고 자연의 기운과 교감해 보자는 것이다.

우 주 기 운 을 내 안 에 받 게 된 다

자연 안에서 작용하는 기운을 음양오행이라 한다. 발현하지 않은 하나의 고요를 태극이라 하고 자연에 내려와 작용하는 태극을 음양오행이라 한다. 수운은 내 마음에 내려온 태극을 궁궁弓弓 또는 궁을弓乙이라 불렀다. 궁을은 하늘 기운의 내면화이며 동학에서는 강령降靈이라 한다. 강령을 통해서만 사람은 우주 기운을 내 안에 받게 된다. 이렇게 받은 하늘의 마음을 '궁을심', '영부심靈符心', '불사약'이라고도 한다.

사람은 이 하늘 기운을 자신의 마음으로 하는 궁을을 받음으로써 비로소 하늘 기운을 자기의 마음에 따라서 쓸 수 있게 된다. 다시 말하자면 자연

기운을 뜻대로 다스릴 수 있게 되는 것이다. 비단 자연의 기운을 다스리는 것만이 아니라 다른 사람들의 기운과도 통하게 된다. 사람들만 아니라 동식물, 무생물과도 소통하게 된다.

사람이 강령으로 궁을에 통하여 영부심을 얻게 되면 음양오행을 완전히 터득하고 신인간이 되어 일체의 질병을 치유하고 나아가 새로운 사회를 건설할 수 있는 것이다. 음양오행의 기운이 주인이 되면 나는 음양오행의 부림을 받는 객체가 되며, 내 본성이 주인이 되면 나는 음양오행을 부리는 주인이 된다. 집안의 모든 일은 주인의 뜻대로 움직인다. 내 영부심은 나 밖의 음양과 소통하여 사람이 조화를 자유롭게 하므로 해월은 내 마음 기운과 하늘 기운은 하나로 통해져 있다고 말한다.

그러므로 기운을 사납게 함은 하늘을 사납게 함이요, 마음을 어지럽게 함은 하늘을 어지럽게 함이니라.

사람은 음양 기운으로 움직이는 것이므로 음양 기운을 뜻대로 하게 되면 또한 자신의 마음으로 자신을 뜻대로 할 수 있게 된다. 그 구체적 증거가 질병 치유이다.

　질병은 음양 기운의 부조화에서 오는 것이므로 마음으로 음양오행을 돌릴 수 있다면 질병을 마음대로 치유할 수 있게 된다. 강령이 된 사람은 마음으로 음양 기운을 뜻대로 할 수 있지만 그렇지 못한 사람은 음양 기운이 내 마음을 압도하여 자기 뜻대로 기운을 부리기가 어려우므로 병이 걸리더라도 마음으로 치유하지 못한다. 강령이 되지 않은 사람은 마음으로 질병을 다스리는 것이 아니라 약물에 의존하여 질병을 다스린다. 이를 안타깝게 여겨 해월은 마음으로 질병을 치유하는 도를 밝혔다.

　지금 사람들은 다만 약을 써서 병이 낫는 줄만 알고 마음을 다스리어 병이 낫는 것은 알지 못하니, 마음을 다스리지 아니하고 약을 쓰는 것이 어찌 병을 낫게 하는 이치이랴. 마음을 다스리지 아니하고 약을 먹는 것은 이는 하늘을 믿지 아니하고 약만 믿는 것이니라.

　음양오행이 모두 태극에 의하여 움직이며 태극은 한울님의 다른 표현이므로 한울님을 믿어 마음을 쓰는 사람은 약을 쓰지 않고 마음으로써 질병을

제 10 장 우주는 영성의 표현

261

치유할 수 있는 것이다. 마음으로 질병을 치료하는 것은 심학의 길이고 약물로 질병을 치유하는 것은 의학의 길이다. 의학은 물질 분석을 통하여 문제를 해결하지만 마음공부는 하늘 마음에 의거하여 모든 문제를 해결한다.

하 늘 에 서 빛 기 둥 이 청 수 에 내 리 꽂 히 는

마음공부를 통하여 질병을 치유한 분들의 이야기는 많다. 다음 두 분의 이야기는 천도교 화악산수도원에서 당사자로부터 필자가 직접 들은 이야기들이다.

먼저 수원에 사시는 현재 70대 할아버지의 이야기다.

이분은 60대에 뇌출혈이 있었는데 자녀들이 병원의 수술실로 모셨기 때문에 의사가 수술을 하자고 하였다고 한다. 그러나 본인은 수술을 할 생각이 전혀 없었다. 그리하여 수술실에 누워서 '나는 수술을 받을 생각이 전혀 없으며 어떤 약도 효과가 없을 것'이라고 마음속의 한울님께 알렸다. 의사가 주사 한 대를 놓으면서 "조금 있으면 졸리면서 마취가 될 테니 안심하라."고 하였다. 그러나 아무리 있어도 효과가 없자 의사는 다시 한 대 놓았다. 그래도 여전히 효과가 없자 다시 한 대를 놓아 모두 3대의 마취 주사를 놓았으나 정신은 아주 말짱하였다. 그러자 의사도 수술을 포기하고 집으로 돌아가라고 하였다고 하였다. 이후 화악산 수도원에 와서 수도를 하던 중 크게 강령이 오고 온몸이 요동치면서 나쁜 기운이 모두 빠져나가는 체험을 한 뒤에 몸의 왼쪽 마비가 모두 풀려 완전히 회복되었다고 한다. 70대 후반인 이분은 현재 매우 건강하고 힘도 장사이다.

다른 한 분은 70대 초반의 할머니이시다. 이분은 만성적인 악성 위궤양으로 식사는 말할 것도 없고 일상생활이 참으로 괴로웠다고 하셨다. 이분은 마음이 착하기가 비단결 같고 차분하고 별로 말씀이 없는 분이다. 화악산에서 무슨 말을 하는 가운데 '제(필자)가 위장병이 있다'고 하자 점심식사 후 우물 가에서 양치질을 하는데 이분은 조용히 자신의 경험을 말씀해 주셨다. 지극히 수도하던 어느 시일侍日(매주 일요일 오전 11시 천도교인들이 교당에 모여 행하는 합동 종교 예식)날 "세상 사람은 약으로 병을 치료하는 것만 알지만 마음공부를 하는 사람은 마음으로 병을 말끔히 치유할 수 있다."는 설교가 강하게 마음에 와 닿았다고 하였다. 그날 저녁 청수를 떠 놓고 9시 기도식을 하던 중 하늘에서 빛

기둥이 청수에 내리 꽂히는 영적 체험을 하면서 위궤양을 앓던 부분이 마치 얼음이 녹듯 흘러내리는 듯한 경험을 하고 지긋지긋했던 만성병이 말끔하게 나았다고 하였다.

두 분만이 마음으로 병을 고친 것이 아니다. 뇌졸중으로 반신불수가 되었던 과학도가 강령을 체험하면서 몸속의 모든 냉기를 한꺼번에 쏟아내고 건강을 완전히 회복하여 도에 대한 생각을 한시도 놓지 않고 연구생활을 하고 있으며, 집착적 사고로 암을 앓던 철학도가 또한 한울님을 만나 아집이 한꺼번에 무너지면서 암 종양도 함께 녹아내리는 것을 체험한 뒤 건강하게 철학을 연구하고 있다. 과민 신경으로 만성적 위궤양을 앓던 사업가도 씻은 듯이 건강을 회복하여 많은 분들의 모범이 되었다.

마음공부를 통하여 우리는 질병만 치유할 수 있는 것이 아니라 놀라운 능력을 얻기도 한다. 한 전직 운전기사는 수련을 통하여 놀라운 힘을 얻어 줄넘기 세계 신기록을 갱신하여 기네스북에 오르기도 하였으며, 한 전직 의사는 수도를 통하여 만성병을 치료했을 뿐만 아니라 초능력에 가까운 놀라운 힘을 얻어 수도원에서 봉사 활동을 하시고 있으며 야생동물과 함께 어울려 놀기도 한다. 마음공부를 통하여 자신의 질병을 치유했을 뿐만 아니라 한울님의 기운을 직접 운용하여 다른 사람을 치유해 주기도 하며, 일반 사람들에게는 기적으로밖에 보이지 않는 덕행을 보여 주는 분들도 계신다. 마음공부를 통하여 변화된 삶을 사는 분들을 일일이 소개하기에는 지면이 너무 좁다.

주문을 통한 이토록 놀라운 변화가 일어나는 것은 기운을 다스리는 마음 때문이라 할 수 있다. 의암은 기운을 다스리는 이 영부심 또는 궁을심을 아름다운 시로 은유적으로 노래하고 있다.

달이 푸른 강 속을 비추니 뒤집혀진 하늘과 작은 틈도 없고 고기가 흰 달빛을 삼키니 배 속에 하늘 땅이 밝더라.

천 지 를 삼 킨 물 고 기 처 럼

우리는 천지를 삼킨 물고기이다.

하늘과 땅을 내 안에 모시고 있으며 끝이 없는 하늘의 고요와 광대무변한 땅의 조화를 마음으로 다스린다.

하늘 영(天靈)과 마음 영(心靈)은 둘이 아니다. 하늘의 달과 호수의 달 그리고 내 마음의 달이 하나이므로 따로 무엇을 말할 것이 있는가. 천지를 삼킨 물고기처럼 천령을 삼킨 내 마음 안에 하늘 빛이 영롱하다. 태양이 밝은 것이 아니라 내 마음이 밝은 것이며, 하늘이 높은 것이 아니라 내 마음이 높은 것이며, 하늘이 무한한 것이 아니라 내 마음이 무한한 것이다. 저 하늘의 빛나는 별보다 내 마음의 빛나는 영성이 더욱 초롱초롱하다. 마음의 달을 본 사람은 굳이 하늘을 가리켜 달을 보라 이르지도 아니하며 달을 잡으러 호수로 들어가지도 않는다. 하늘의 달을 가리키는 손이나 호수의 달을 잡으러 가는 손에 잡히는 것은 허공이나 물밖에 더 있겠는가? 손 없는 손으로 달 없는 달을 잡는 것은 어떤가.

수운은 "등잔불이 물 위에 밝으매 물 위와 물 아래가 동시에 밝다."는 시를 지어 해월에게 주었다.

거울이 마주 있음에 서로 비침이 무궁 무궁하다. 그 끝없음을 수운은 "무궁한 이 울 속에 무궁한 내 아닌가."라고 노래하였다.

하늘도 알고 땅도 알고 동식물도 아는데 어떻게 사람만이 이를 모를 수 있겠는가. 한울님은 끝이 없이 크지만 동시에 티끌마다 영롱하게 맺혀 있으니 이것이 현묘한 한울님의 조화가 아니고 무엇인가. 더더욱 놀라운 것은 '내' 궁을 마음에 무한한 하늘과 무궁한 조화가 고요히 간직되어 있으며 활발하게 약동한다는 사실이다.

지금 이 순간에 마음을 일으켜 내 마음의 하늘 이치와 하늘 기운을 온전히 느껴보는 것이 어떠할까?

제 1 1 장 하나의 진리 : 신, 자연, 마음

도는 따로 높고 먼 곳에 있는 것이 아니라

너의 몸에 있으며 너의 세계에 있느니라

13자로써 만물 화생의 근본을 알고

무위이화로써 사람이 만물과 더불어

천리 천도에 순응함을 안 연후에

수심정기로써 천지가 크게 화하는

원기를 회복하면 능히 도에 가깝다

* * * 해월

귀 신 이 라 는 것 도 나 니 라

　종교는 궁극적 존재만을 유일한 진리로 신앙하고, 과학은 자연 사물의 법칙이야말로 진리로 가는 길이라 하고, 심학은 한울님과 자연이 또한 마음 안에 있으니 마음이 곧 진리라 한다. 그러므로 종교가는 영성을 믿으며, 과학자는 물질을 분석하여 법칙을 찾아내고, 심학자는 심성을 밝히고 연마한다. 영성과 물성 그리고 심성이 독립적인 것으로 간주되어 서로 모순되는 것으로 이해되었다.

　서구 근대성은 중세의 종교적 신앙 세계에서 벗어나 인간 이성을 발견하고 자연 과학을 발전시켰다. 그러므로 현대를 살아가는 대부분의 사람들은 종교적 신앙보다 철학적 논리를 신뢰하고, 성찰적 이성보다 과학적 사실을 숭배한다. 현대인은 분명 신으로부터 해방되어 휴머니즘 시대를 열었으며, 자연으로부터 해방되어 자유 왕국을 건설하여 물질 문명의 눈부신 발전을 이룩하였다. 그러나 이러한 근대의 해방에는 크나큰 희생이 뒤따랐다.

　철학적 성찰 이성은 궁극적 존재에 대한 맹신으로부터 인간을 해방시켰지만 동시에 성찰적 이성의 가장 깊은 내면에는 직관적 영성이 존재한다는

제 11 장 하 나 의 진 리 : 신, 자 연, 마 음

사실을 은폐했다. 그리하여 근대적 이성주의는 인간을 신성神性과 영성靈性으로부터 소외시켜 이성적 자아를 비대하게 만들었다. 동학은, 모든 사람들은 궁극적 존재를 자기 안에 모시고 있음을(侍天主) 찾아내어 근대의 영성 소외를 극복하였다.

과학 기술의 발달로 말미암아 인간은 거친 자연을 파괴하고 정복하여 인위적인 물질 문명을 건설하였으나 파괴된 자연이 인간에게 그 대가를 요구하고 있다. 자연은 부자연스러운 것을 오래 용납하지 않는다. 자연과학은 아직까지 궁극적 자연 법칙을 발견하지 못했기 때문에 자연처럼 자연스럽지 못하다. 근대성은 자연 정복이라는 선물과 함께 생태계 파괴라는 생명 전체의 절멸 위기를 초래하였다. 동학은 사람들의 생각과 말 그리고 행동이 자연의 운행 법칙과 완전히 일치하여 무위이화無爲而化하는 길을 제시한다.

영성의 회복과 자연성의 회복은 동학·천도가 현대 사회에 주는 위대한 선물이다. 동학·천도는 사람이 마음으로 하늘의 영성을 온전히 체득하는 길과 땅의 자연성을 온전히 구현하여 어떤 인위성도 없이 자연스럽게 살아가는 길을 제시한다. 다시 말하자면 동학은 하늘보다도 더 신성스럽게 변하며 자연보다도 더 자연스러워지게 되는 길을 제시하였다고 하겠다. 동학·천도를 만나서 근대에 이르러 잃어버린 옛 친구인 신神과 자연을 우리는 비로소 찾을 수 있게 되었다.

해월은 동학·천도를 주문 13자, 무위이화無爲而化, 수심정기守心正氣로 요약하였다. 해월은 자연 사물의 탄생과 변화의 법칙을 수운이 13자 주문에 온전히 담았다고 한다. 주문 13자에 완전히 통하게 되면 우주 만물을 창조하고 운행하는 능력을 사람이 그대로 구사할 수 있게 된다는 것이다. 주문을 통하여 한울님의 영성을 모시게 되고, 한울님의 조화 능력에 통하게 된다는 뜻이 들어 있다. 주문 13자를 통하여 사람의 심성은 하늘의 영성과 자연의 물성物性에 통하게 되는 것이다. 사람은 마음으로 하늘의 영성도 거느리고 자연의 조화 기운도 다스릴 수 있는 것이다. 사람의 마음이 자연의 본성과 하나가 되어 어김이 없는 것을 무위이화라 한다.

수심정기란 이렇듯 마음이 하늘의 영성과 자연의 이치에 통하는 마음공부이다. 내 마음에 간직된 한울님의 영성 마음을 지키는 것이 마음을 지키는 것이고, 우주 만물을 창조하고 운행하는 한울님의 조화 기운에 통하는 것이 기운을 바르게 하는 것이다.

주문 13자는 한울님을 지극한 마음으로 사모하여 우러러 지극히 위하는 종교이며, 무위이화는 사람이 억지로 하지 않아도 스스로 우주 자연의 이치에 어김이 없는 것이며, 수심정기는 사람이 자기의 마음 안에 하늘을 모시고 우주의 조화 기운에 통하는 마음공부이다. 이렇게 하여 동학·천도는 종교와 과학 그리고 심학을 하나로 통일시켜 새로운 문명의 큰길을 열었다. 그러나 동학·천도의 길이 너무 크고 새롭기 때문에 아직까지 많은 사람들에게 잘 알려지지는 않고 있다.

수운은 1860년 4월 5일 한울님으로부터 "내 마음이 네 마음이다(吾心卽汝心)."라는 말과 "귀신이라는 것도 나니라(鬼神者吾也)."라는 말을 들었다고 한다. 이 두 문장에 동학·천도의 정체성이 함축되어 있다. 한울님은 나를 떠난 초월적 존재가 아니라 내 안의 고요한 마음이며, 한울님은 동시에 귀신이라고 하는 활동하는 마음이라는 점을 수운은 이렇게 표현했다. 쉽게 말하자면 한울님을 고요한 마음이며 동시에 활동하는 마음이라는 뜻이다.

고요한 마음과 활동하는 마음

고요한 마음을 본성이라 하고 활동하는 마음을 마음 기운이라 한다. 고요한 마음을 이치라 하고 활동하는 마음을 기운이라 한다. 고요한 마음을 본체라 하고 활동하는 마음을 마음 작용이라 한다. 고요한 마음을 천주라 하고 활동하는 마음을 조화라 한다. 고요한 마음을 천지부모라 하고 활동하는 마음을 하늘이 하는 일을 한다고 말한다. 이렇듯 내 마음은 고요한 하늘과 천변만화하는 자연을 내 품 안에 간직하고 있다.

한울님이 곧 마음이라면 한울님은 없다고 말할 수 있는가? 물론 그렇게도 말할 수 있지만 수운은 그렇게 표현하지는 않았다. 오히려 한울님 모심은 동학의 핵심이자 마음공부의 출발점이다. 시천주라는 말에도 나타나듯이 수운은 공경의 대상으로서의 한울님을 인정하고 마음공부의 출발점으로 삼고 있다. 실상은 마음 밖에 사물이 없고(心外無物), 마음 밖에 하늘이 없다(心外無天)고 하겠지만 이러한 표현은 부정적인 표현이며, 동학은 긍정적으로 표현한다. 즉, 하늘을 무형의 하늘이라 하고, 사람을 정 있는 하늘이라 하고, 자연을 유형의 티끌 하늘이라 한다. 수운은 오직 한울님만이 있다는 유일신론이

나 오직 마음만이 있다고 하는 심학에 떨어지지 않고 중(中)을 유지한다. 천주와 마음이 둘이 아니라는 표현이 오히려 적절하다. 왜냐하면 '천주뿐이다'라고 하면 신앙만이 유일한 길로 제시될 것이요, '마음뿐이다'라고 하면 마음공부만이 유일한 길이 되기 때문이다. 둘 중 하나를 고집하는 것은 아직 '중'에 이르지 못한 견해다. 어떻게 표현하든 실상은 둘이 아니다.

고요(靜)와 움직임(動)이 둘이 아니다

두 세계가 있지만 둘은 아니다. 전자는 이른바 유일신론의 주장과 유사하고 후자는 일체유심조(一切惟心造)를 주장하는 심학과 유사하다. 천주를 강조하면 기도를 위주로 하고 타력에 의한 구원을 강조한다. 반면 마음을 강조하면 내적 본성의 수양과 자력에 의한 깨달음을 강조한다. 전자는 순수 종교적 성격이며 후자는 순수 심학적 성격을 지닌다. 전자는 유신론에 기초하고 있으며 후자는 무신론에 기초하고 있다. 전자는 기독교를 연상시키고 후자는 불교를 연상시킨다. 그러나 이 두 견해는 모두 중(中)에서 거리가 있다.

동학·천도는 천주의 인격성을 인정하여 천주에게 부모와 똑같이 효도하라는 종교성을 중시하면서 동시에 내적 본성과 본심을 깨닫는 마음공부를 중시한다. 그리고 양자는 결코 모순이 아니라 동전의 양면임을 말한다. 그러므로 하늘에 기도하는 것과 본성 또는 본심을 성찰하는 것 모두 중요하며 본래 하나라고 한다. 안타까운 것은 어느 한쪽에 치우쳐 중도를 잡지 못하는 데 있다. 동학·천도의 수행이 성찰을 위주로 하는 본성 공부와 한울님 기운과 소통하는 기운 공부로 이루어져 있는 것도 이러한 이유다. 천성天性과 심성心性이 둘이 아니며, 영성과 이성이 둘이 아니며, 종교와 철학이 둘이 아니며, 고요(靜)와 움직임(動)이 둘이 아니다.

문제는 어느 일방만을 주장하는 데에 있다. 여기서 논쟁과 갈등이 시작된다. 서구에서 종교와 철학은 입각점이 다른 것으로 이해된다. 그리하여 히브리적 전통의 종교성과 헬레니즘적 전통의 철학 정신은 상충하는 가치로 언제나 갈등 관계에 놓여 있다. 종교는 절대자에의 귀의에서 시작되며 철학은 '너 자신을 알라'는 자기 성찰에서부터 시작된다. 이는 외적 절대자와 내적 본성의 이원성을 주장하는 것이다.

동학이라는 철학과 천도라는 영성은 떼어 놓을 수 없다. 지혜가 없는 믿

음은 맹신주의로 흐르기 쉽고 믿음이 없는 지혜는 메마른 형식주의로 전락
하기 쉽다. 그러므로 동학·천도는 종교이자 철학이며 철학이자 종교이다.
둘이 아님을 분명히 하는 것이 동학·천도의 자기 정체성이다. 유학 용어로
는 거경궁리居敬窮理라 할 수 있다. 거경이란 하늘과 진리를 지극히 공경하는
것이며 궁리란 철학적으로 그 이치를 정확하게 아는 것이다.

　의암도 종교와 철학을 둘로 가르는 어리석음을 다음처럼 질타한다.

　어떤 사람이 말하기를 '하늘을 마음 밖에 두고 다만 지극히 정성을 다하
여 감화를 받아 도를 얻는다' 하고, 또 말하기를 '하늘이 내게 있으니 어느
곳을 우러러 보며 어느 곳을 믿으랴, 다만 내가 나를 우러러 보고 내가 나를
믿고 내가 나를 깨닫는다' 하여, 닦는 이로 하여금 마음·머리 두 곳에 의심
스러움이 겹치게 하여 성품을 보고 마음을 깨달으려 하는 사람의 앞길을 아
득케 하느니라.

　종교·철학의 이원적 일원성을 제대로 알지 못하게 되면 혼란이 생겨나
고 일체의 갈등이 이곳에서 시작된다. 이를 아는 사람이 적으니 동학·천도

가 태어나게 되었다. 영성과 이성의 갈등과 전쟁에 서구 모더니티의 고민과 문제가 있으며 동학·천도에 이르러 이 문제는 말끔하게 해소되었다. 불연기연不然其然은 초월적 영성과 내재적 이성의 이원성을 논리적으로 해소시키기 위한 수운의 독창적 논리이다. 어떤 종교와 철학에서도 찾아볼 수 없는 동학의 독창성이다.

한울님을 신앙하게 될 때 만사를 알게 되며

한울님을 신앙하게 될 때 만사를 알게 되며, 만사를 알게 되면 한울님을 신앙하게 된다. 신앙과 앎은 모순되지 않는다. 내 마음을 공경치 않는 것이 천지를 공경치 않는 것이란 표현에서도 이를 잘 알 수 있다. 둘이 아님(不二)을 알지 못하므로 철학사는 논쟁사가 되고 역사는 전쟁사가 된 것이다. 동학·천도에 이르러 비로소 대통합의 문을 열어 일체가 화합하게 되었다. 비로소 중도가 밝혀지게 되었다.

영성靈性과 심성心性이 둘이 아님을 보았으므로 이제는 영성과 물성物性이 또한 둘이 아님을 볼 차례가 되었다. 「포덕문」 첫머리에서 사계절의 순환은 천주 조화의 자취가 천하에 뚜렷하게 나타난 것이라고 한 데서 자연과 영성의 관계가 명쾌하게 천명되고 있다.

자연은 유형의 한울님이며 천주는 무형의 한울님이다. 여기에서 자연의 순환이 '천주'의 자취라고 하는 대신 '천주 조화'의 자취라고 한 점에 주목할 필요가 있다. 천주는 초월·절대·무한·영원이기 때문에 드러날 수 없으며 드러나기 위해서는 기운이 요청되는데, 바로 천주의 기운을 조화라 하고 지기至氣라 하고 혼원일기라 한다. 천주는 언제나 조화와 떼어 놓고 생각할 수 없기 때문에 '천주 조화'를 함께 쓰고 있다. 조화는 기운이며 조화 기운은 만물을 창조하고 변화시키는 기운이다.

조화 기운이 영성을 강력하게 묶게 되면 사물이 탄생한다. 그러므로 사물이란 조화 기운이 영성을 너무나 단단하게 얽매고 있기 때문에 형상을 갖추어 보이게 된 것이다. 사물을 풀어 헤치게 되면 기운과 영성밖에 남는 것이 없다. 사물 안에 들어 있는 성性은 영성과 심성의 성과 아무런 차이가 없다. 단지 물질 안에 갇혀 있을 따름이다. 영성은 고요한 본성이고, 물성은 보이는 딱딱한 본성이고, 심성은 활발하게 움직이는 본성이다. 같은 본성이 놓여 있는 위상에 따라서 다른 이름을 가지게 되었을 뿐이다.

그러므로 만약 마음의 힘이 강하여 자연 사물을 묶고 있는 에너지를 꿰뚫어 본성에 이르게 되면 우리는 물질에서 영성을 보게 된다. 달리 말하자면 우주 만물에서 한울님을 만날 수 있다. 영성과 물성이 다르지 않으니 종교와 과학은 모순이 아니라는 말이다. 물론 그 궁극에 이를 때의 이야기이다. 종교와 과학의 대립은 서구 정신사의 특징일 뿐 궁극에 이른 동양의 정신사에서는 있을 수 없는 일이다.

동양에서 종교는 동양 과학이라고 할 수 있는 역易과 정확하게 일치된다고 하겠다. 그러나 시간을 멈출 수 없으니 역易으로 잡아낸 것은 진리의 그림자이지 진리 자체는 아니다. 역은 현상의 드러남을 설명하는 방식에 불과하지 진리 체계가 아니다. 진리는 그 너머에 있다.

자연의 본성을 동양에서는 음양이라 한다. 음양 기운이 운행하는 법칙이 곧 자연 안에 들어 있는 본성이라는 것이다. 쉽게 말하자면 자연 사물 안에서 작용하는 한울님을 음양이라고 하였던 것이다. 수운은 "천상에 상제님이 옥경대 계시다고 보는 듯이 말을 하니 음양 이치 고사하고 허무지설 아닐런가."라고 하여 천주가 다른 곳에 있는 것이 아니라 음양 이치에 있다고 하였다. 또한 수운은 '천지 역시 귀신이요 귀신 역시 음양'이라고 하여, 천지가 곧 음양이요 천주가 음양이라고 분명히 선언하고 있다. 해월은 '귀신, 성심, 조화가 도무지 한 기운의 시키는 바'라고 하였고, 의암은 "영과 기는 본래 둘이 아니요 도시 한 기운이니라."고 하였다. 이러한 말에서 알 수 있듯이 음양은 자연 사물의 본성을 달리 부르는 이름이다. 물질을 이룬 본성이 음양이다. 스스로 그러한 자연의 변화가 곧 한울님의 드러난 모습이다. 이 드러난 한울님을 공경하고 섬기는 것이 동학의 길이다. 한울님은 옥경대라는 상상 속에 있는 것이 아니라 구체적 자연 사물의 이치로 내려와 있는 것이다.

동학은 신에서 자연을 보고, 자연에서 신을 본다

그러므로 자연을 버리고 신만 모앙하는 것도 옳은 길이 아니며 신을 버리고 자연만 숭앙하는 것도 바른 길은 아니다. 그 둘을 잡아 가운데를 쓸 줄 알게 된 것은 동학에 이르러서이다. 동학은 신에서 자연을 보고, 자연에서 신을 본다.

하나의 하늘에서 천태만상의 우주 만물이 나왔음을 알아, 의암은 만물은 다름이 아니라 하나의 조화가 이루어 놓은 곳곳의 하늘(一成造化處處天)이라 하였다. 만물은 하나의 한울님이 조화의 기운에 의하여 장소마다 나타나게 된 한울님이라는 뜻이다. 그러므로 하늘만 높이고 땅은 높이지 않는 것은 옳지 않다고 하겠다. 자연을 업신여기고, 더럽다고 하고, 생명이나 의식이 없다고 하는 것은 자연의 천성을 모르는 어리석음의 소치일 뿐이다.

티끌 하나도 한울님의 모습이며 한울님의 기운에 의하여 움직인다. 풀잎 하나도 한울님의 명령이 없으면 움직이지 못한다. 하루살이 한 마리도 한울님의 조화가 아니면 날지 못한다. 착한 마음이든 악한 마음이든 한울님이 없으면 한 마음도 쓸 수 없다.

영성과 물성을 갈라보려는 이원성에서 비극이 태어난다. 그렇다고 노장처럼 도법자연道法自然이라고 하여 일체를 버리고 오직 자연을 숭배하는 것도 중中을 잡지 못한 태도라 하겠다. 마음만 강조하여 한울님을 놓치는 어리석음도 한쪽으로 치우친 것은 매한가지다. 오늘날 생태학자들은 자연 숭배주의자들이 되어 가는 것 같다. 영성과 심성 그리고 물성을 갈라서 보기 때문에 그 가운데 어느 한 곳에 집착하여 고집하는 것은 바른 길이 아니다.

해월은 경물敬物을 주장하여 마치 자연 사물을 숭배하는 것처럼 보이지만 그렇지 않다. 해월의 경물은 자연 사물을 숭배하는 것이 아니라 자연 사물이 곧 한울님임을 알아 공경하는 것이다. 그렇게 되면 자연 사물은 사라지고 오직 한울님만 존재하게 된다. 그리하여 자연 사물이 그어 놓은 강력한 에너지의 경계선을 넘어서게 되어 대자유에 이른다.

자연의 위대한 힘을 극복할 수 있는 유일한 길이 공경이다. 경물은 물질의 완강한 경계선을 넘어서는 수행의 위대한 비밀이다. 자연 사물을 한울님으로 공경하는 곳에서 사람의 덕은 일체의 장애물을 넘어서 우주에 아니 미치는 곳이 없게 된다. 그러므로 경물에 이르러야 비로소 덕이 우주 만방에 미치게 되는 것이다. 우주 자연의 처음과 마지막이 모두 한울님의 덕에 의하여 생겨나 존재하다가 돌아가기 때문에 한울님을 공경하는 사람은 천상천하의 우주 만물에 그 덕이 미치지 아니하는 바가 없다.

참으로 자연을 정복하고자 하는 사람은 자연을 공경해야 할 것이다. 정복한다고 하지만 실상은 자연과 하나가 되는 것이다. 사물과 한 동포로서 조화롭게 살아가는 것이다. 그렇지 않으면 오직 자연과의 극한적인 전쟁만이 있을 뿐이다. 서구 모더니티의 비극이 여기에 있다. 근대 과학은 사람을 죽이는 기계를 발명하였으나 동학·천도는 사람을 살리는 길을 열었다. 사람만 살리는 것이 아니라 자연도 함께 살리는 길을 열었다. 공경은 사람과 자연을 동시에 살리는 길이다.

길 을   말 하 는   사 람 과   길 을   걷 는   사 람 은   거 리 가   멀 다

하늘의 이치를 밝히느라 공경이라고 하는 고귀한 마음의 보배를 잃어버려서도 아니 되며, 하늘을 사모하여 우러러 찬양하느라 하늘의 이치를 공부하는 데 소홀해서도 아니 될 것이다. 논리정연한 한 권의 철학 서적보다 단 한 줄의 감명 깊은 시 구절이 사람을 근본적으로 바꾸기도 한다. 또한 장황하고 지루한 설명보다도 가슴을 파고드는 단 하나의 이미지가 현상의 정곡을 전달하기도 한다. 이처럼 위대한 감성의 세계는 공경을 통하여 열린다. 공경할 줄 모르는 사람은 지도는 있지만 한 번도 등산을 해 보지 못한 사람이며, 술을 만드는 공식은 알지만 한 번도 향기나는 신선주를 만들어 보지 못한 사람이다. 길을 아는 사람과 길을 걷는 사람은 거리가 멀다.

높고 큰 하늘을 사람이 모실 수 있는 길이 공경이다. 한 번 공경하고 그치는 것이 아니라 순결한 마음으로 쉬지 않고 한결같이 하는 것이 정성이 된다. 해월은 "도에 대한 한결같은 생각을 주릴 때 밥 생각 하듯이, 추울 때 옷 생각 하듯이, 목마를 때 물 생각 하듯이 하라."고 하였다. 공경하는 순일한 마음을 한시도 쉬지 않고 정성하게 되면 이루지 못할 일이 없게 된다.

정성과 공경으로 내 마음 안에서 하늘이 열리고 땅이 열려 우주가 새로워지니 이를 '다시 개벽'이라 한다. 마음에서 이루어진 것이 하늘에서도 이루어지며 땅에서도 이루어지니 이를 '후천개벽'이라 한다.

제 1 2 장 다 시 개 벽

큰 바다가 번복하면 물고기들이 다 죽듯이

대기가 번복하면 인류가 어떻게 살기를 도모하겠느냐

일후에 반드시 이러한 시기를 한 번 지나고서야

우리의 목적을 달성할 것이니

이신환성은 이러한 시기에 살기를 도모하는

오직 하나의 큰 방법이니라

* * * 의암

하늘은 높아서 아무리 낮은 소리라도 모두 듣는다

우주 만물 가운데 사람이 가장 신령한 것은 사람만이 영성과 물성을 자기 안에서 통일할 수 있는 마음이 있기 때문이다. 마음이 고요해지면 사람은 태어나지도 않고 죽지도 않는 하늘 본체를 자기 안에 모시게 되고, 마음의 활동 기운이 활발해지면 우주 만물을 낳는 하늘의 조화 기운에 통하게 된다. 사람은 마음 먹기에 따라서 완전한 고요와 적정寂靜의 경지에 이를 수도 있고 광활한 우주를 창조하고 변화시키는 조화 기운을 다스릴 수도 있다.

그러나 현대인은 종교적 대상을 숭배하고 과학을 통하여 자연을 정복하느라 정작 이 모든 일을 하는 주인인 '본래의 마음'을 공부하는 데는 소홀하였다. 현대인에게 가장 절실한 삶의 태도 중의 하나는 밖으로 향하였던 시선을 내 마음 안으로 끌어들이는 일이다. 그리하여 하늘과 자연이 내 안에 온전히 구비되어 있음을 깨달아 활로를 찾을 수 있다.

동양은 오래 전부터 이러한 인격체를 이상으로 추구해 왔다. 하늘과 자연을 자신 안에서 완전히 구현한 사람을 성인이라 하였다. 마음 안에 하늘의 성性과 자연의 성을 구현하게 되면 사람은 마음으로 보지 못하는 것이 없으며 듣지 못하는 소리가 없게 된다. 왜냐하면 모든 것이 자기 마음 안에서 진행되므로 모르는 것이 없게 되기 때문이다. 하늘은 우주 만물의 모든 것을 하나도 빠짐 없이 알고 있다. 수운은 하늘은 높아서 아무리 낮은 소리도 모두 듣는다(天高聽卑)고 하였다. 마음의 눈과 귀가 미치지 않는 곳이 없기 때문에 보지 못하는 것과 듣지 못하는 것이 없게 된다.

마음은 빨간색도 아니고 파란색도 아니며, 사각형도 아니고 원도 아니며

하늘에 계신 한울님을 성천性天이라 하고, 땅에 계신 한울님을 신천身天이라 하고, 사람에 계신 한울님을 심천心天이라 한다. 성性은 속 알맹이라는 뜻이다. 속 알맹이는 텅 비어 있는 무형이다. 텅 비어 있기 때문에 우주 전체가 무한하게 들어와도 또 무한히 비어 있다. 사람은 마음을 완전히 텅 비울 수 있기 때문에 신령해질 수 있으며 우주의 주인이 될 수 있는 것이다.

마음은 빨간색도 아니고 파란색도 아니며, 사각형도 아니고 원도 아니며, 왼쪽도 아니며 오른쪽도 아니며 텅 비어 있기 때문에 일체의 모든 색깔과 모든 형상과 모든 생각들을 다 받아들여 통일할 수 있다. 이 텅 빈 자리는 모든 곳에 통하기 때문에 하늘·땅·사람 모두를 다 아는 것이다.

내 마음이 텅 비게 되면 나도 하늘처럼 그냥 모든 것을 알게 된다. 나와 하늘이 같고 나와 땅이 같기 때문에 내가 나를 아는 것이며 하늘이 하늘을 아는 것일 뿐이다. 만약 나와 하늘이 다르고 나와 땅이 다르고 나와 다른 사람이 다르다면 비록 안다고 하더라도 껍데기만 알 뿐이다.

진리는 성천性天, 심천心天, 신천身天의 세 방향으로 드러나지만 합하여 보면 오직 하나의 진실 본체뿐이다. 하나의 진실 본체를 합하여 보고 성심신性心身 세 방향으로 나누어 보게 될 때 '황황상제'의 자리에 오르게 된다. 무형과 유형의 우주에 그 힘이 아니 미치는 곳이 없는 제왕이 되는 것이다.

지나간 옛 현철이 스스로 구하고 스스로 보이는 것으로 서로 다투었으나, 우리 도에 이르러서는 사람이 스스로 구하여 도를 이루는 것이 아니라 한울님이 반드시 바르게 보이고 바르게 들으니, 만에 하나도 의심이 없느니라. 바르게 보고 바르게 듣는 것은 성·심·신 삼단이 합하여 보이고 나누어 보임이니, 세 가지에 하나가 없으면 도가 아니요 이치도 아니니라. 나도 또한 이 세 가지를 합하여 깨달아 홀로 황황상제의 자리에 앉았노라.

동학·천도에 이르러 모든 진리가 하나로 통일되게 되었으니 이 길이야 말로 유일무이한 길이라 하겠다. 물성의 이치를 알아 무위이화하며, 심성을 깨달아 유·무형의 우주 어느 곳에도 걸림이 없이 자유로우며, 성천을 깨달아 하늘이 가는 길을 가고 하늘이 베푸는 덕을 베풀게 된다. 달리 표현하면 음양 이치를 알아 자연과 같은 길을 가고, 귀신을 깨달아 헤아리지 못하는 것이 없으며, 하늘을 깨달아 모든 이치를 다 안다. 안으로는 하나의 진실 본체에 머물며 밖으로 펴면 천지·인간·우주에 드러나니, 이 사람이야말로 지극한 성인에 이르렀고 지극한 기운과 하나가 되었다고 하겠다. 지극한 하늘의 기운과 하나가 되었으니 우주의 모든 기운을 자기의 뜻대로 사용하며 지극한 성인에 이르렀으니 하늘과 같이 높고 땅과 같이 너른 대인이 되었다.

이런 마음에는 종교와 과학 간에 갈등이 없으며 종교와 철학 간에 모순이 없으며 철학과 과학 간에 논쟁이 없다. 천주를 믿으면서, 음양의 이치를 연구하며, 내 마음을 내가 닦는다. 이 마음이 천주이며, 귀신이며, 음양이다.

이 마음이 곧 신이며, 참 사람이며, 자연 그 자체이다. 이 마음은 신처럼 대자대비하며, 이 마음은 이웃을 내 몸처럼 돌보며, 이 마음은 억지로 하는 바 없이 모든 일을 자연스러운 가운데서 행해 나간다. 달리 말하자면 나는 천주가되어 무한하고 영원한 존재가 되며, 또한 귀신이 되어 앎과 조화가 무궁하며, 음양이 되어 스스로 무엇이든지 창조하고 변화시킬 수 있게 된다. 셋을 하나로 통하고, 하나를 셋으로 나누기를 자유로 한다.

의암은 이 경지를 견성각심見性覺心으로 설명하기도 한다. 견성한다는 것은 영성·심성·물성의 세 성性이 하나로 꿰뚫어져 있다는 사실을 마음의 눈으로 보는 것이요, 각심한다는 것은 마음이 하늘에도 마음에도 자연 사물에도 매이지 않는 자유심이라는 것을 깨닫는 것이다. 다시 말하자면 견성한다는 것은 신·자연·사람을 하나로 통일한다는 것이요, 각심한다는 것은 신·자연·사람을 내 마음의 뜻대로 자유로이 한다는 뜻이다.

견성하면 내 마음은 무극대도에 이르러 만고 없는 평화·적정寂靜·지복至福·지선至善에 이르게 되어 영생하게 된다. 지상신선이요, 하늘사람이요, 대인이며 성인이다. 지극한 성인에 이르게 된다(至於至聖). 각심하면 내 마음은 창조하고 변화하는 하늘의 기운과 하나가 되어 무위이화로 천지와 더불어 창조하고 변화를 자유로이 하여 함이 없이 자연스럽게 다스리게 된다. 우주의 조화옹이 되어 만유를 뜻대로 창조하고 다스린다. 지극한 우주 기운에 화하게 된다(至化至氣). 만법萬法과 만상萬相 그리고 화복禍福을 자유로이 하게 되니 대자유이자 대극락이자 지상천국이라 하겠다.

동쪽에 아침 해의 붉은 기운이 퍼지자 서쪽 산에 먼저 햇살을 받은 상서로운 구름이 영롱하게 빛난다. 햇살이 비치자 모든 사물이 숨겨 왔던 자기의 색깔을 아낌없이 드러낸다. 개벽은 태양이 떠오르면서 다양한 색깔들이 열리는 것이다. 그러나 후천개벽은 한 걸음 더 나아가야 한다. 내 마음이 열려야 한다. 내 마음이 열리게 되면 태양빛에 드러난 다양한 색깔들이 오직 하나의 빛의 반사와 굴절임을 깨달아 하나의 빛이 온 우주에 무지갯빛으로 가득 차 있음을 알게 된다.

하 늘 사 람 이 하 늘 세 상 을 탄 생 시 키 게 된 다

후천개벽은 우주 만물이 모두 하나의 빛임을 보게 되고 하나의 소리임을 듣게 되는 경지이다. 또한 우주 만물이 하나의 동포임을 알게 된다. 하늘이 열린다는(開) 것은 하나의 빛이 되는 것이며 땅이 열린다는(闢) 것은 다양한 존재자들이 모두 하나의 동포임을 알게 되는 것이다. 선천개벽으로 하늘과 땅 그리고 사람이 태어났다면 후천개벽으로 사람은 하늘과 땅을 하나로 통일시켜 새 사람이 되었고 새 우주를 탄생시키게 된다. 그리하여 만법을 하나로 통일시키는 것이다.

태양이 떠오르면 밤을 수놓던 수많은 불빛이 사라지는 것처럼 진리의 빛이 밝아오게 되면 지금까지 문명을 밝혔던 인위적인 빛들은 사라지고 오직 하나의 진리 본체만 두둥실 떠오르게 된다. 진리는 오직 하나이다. 그러므로 월산 선생은 다음처럼 말한다.

진리는 오직 유일무이한 것으로 한울님과 사람이 둘이 아니요, 생과 사가 둘이 아니요, 성과 심이 둘이 아니요, 이와 기가 둘이 아니요, 나와 세상이 둘이 아니요, 하나님과 천주님이 둘이 아니요, 한울님과 부처님이 둘이 아니요, 상제님과 신이 둘이 아니요, 기와 영이 둘이 아니요, 생명과 정신이 둘이 아니요, 무형과 유형이 둘이 아니요, 오직 유일무이한 실상實相뿐이요,

그 실상이 바로 성령의 나요, 참 나인 무궁한 이 울 속에 무궁한 나입니다.

모든 성인들은 한결같이 하나의 진리 본체를 가르치기 위하여 왔다. 한 자로 가르칠 수도 있고, 팔리어나 히브리어 또는 아랍어로도 가르칠 수 있다. 말은 비록 다르지만 같은 진리를 가르쳤던 것이다.

안타깝게도 세상 사람들은 그분들이 가르치려고 했던 진리 본체에는 관심이 없고 말에만 매달려 진리를 시비한다. 진리 본체인 '본래의 나'에게는 관심이 없고 갖가지 이름을 가지고 논쟁하고 시비한다. 그러나 어느 겨를에 곡직과 장단을 비교하겠는가. 오직 진리 본체인 '본래의 나'에게 충실하고 사람들과 융화하는 길 이외에 다른 길이 있겠는가. 나에게 충실하고 사람들과 융화하면 하늘 세상이 도래하게 된다.

하 늘 길 은 진 리 의 길 이 다

하늘 길은 진리의 길이다. 우주 만물과 사람 그리고 하늘에 각각의 진리가 있는 것이 아니며 오직 하나의 진리만이 있을 뿐이다. 하늘은 원형이정의 길을 가고, 땅은 춘하추동의 길을 가고, 사람은 인의예지의 길을 간다. 비록 이름은 다르지만 실상은 모두가 같은 하늘 길을 가는 것이다. 이를 밝힌 사람은 옛 성인이지만 지금 우리가 그 길을 걷게 된 것은 수운의 덕이다. 비록 하늘 길과 땅의 길이 일찍부터 나 있었다고 하지만 사람이 가야 하는 길은 수운이 열어 우리 모두로 하여금 그 길을 갈 수 있게 해 주었다.

우주간의 모든 존재들이 예외 없이 걸었으며, 걷고 있으며, 걸어야 할 길이다. 하늘 아래에 살면서 하늘의 법을 벗어날 수는 없다. 하늘의 법을 따르고 지키는 것이 생명을 잘 유지하고 생명의 실상을 실현하는 길이다.

하늘 길이 열리면서 사람은 하늘의 노래를 부를 수 있고

하늘 길에 온전히 합일하여 하늘과 함께 더불어 운행하는 것이 자기 실현이며 최고의 행복이다. 하늘 길을 가게 되면 하늘 길을 가는 다른 모든 존재들과 소통하고 대화하고 나눈다. 막혔던 하늘 길이 열리면서 사람은 하늘 노래를 부를 수 있고, 하늘 형상을 그릴 수 있고, 하늘 율동에 따라 춤출 수 있게 되었다. 하늘 법강을 받아서 공동체 삶이 시작되었고 하늘 질서를 본받아 윤리가 정해지게 되었다. 또한 하늘의 드러난 모습인 자연과도 소통하게 되어 사람은 자연성을 완전히 회복하게 되었다. 그리하여 새와 함께 노래하고, 꽃과 더불어 웃고, 땅에 뒹굴며 노닌다. 이리 되면 이웃과 함께 더불어 즐거워하지 않을 수 있겠는가? 사람과 함께 더불어 행복하니 지상천국이라 한다.

하늘과 자연 그리고 사람들과 함께 누리는 즐거움은 오늘 왔다가 내일이면 사라지는 무상한 물질적 쾌락이 아닌 영원한 즐거움이다. 물질적 쾌락은 오늘 와서 내일이면 사라지지만 영적인 즐거움은 사라지지 않는 영원한 즐거움이다. 자연의 변화와 함께 춤추며 즐거워하면서도 하늘의 고요한 평안을 잃지 않는 것은 오직 마음을 아는 사람만이 느끼는 지고의 즐거움이다. 사람들과 어울려 함께 즐거워하지만 실상은 서로서로 한울님으로 공경한다.

하늘은 무궁한 조화로써 무궁토록 우주 만물을 창조하면서도 본래의 고요함을 잃지 않는다. 신은 움직이지 않는 고요한 가운데 스스로 움직여 우주 만물을 창조하는 영광을 베푼다. 무한한 하늘의 영광과 무궁한 우주의 현묘함을 모두 내 마음으로 체험하니 사람은 얼마나 위대한 존재인가?

현대인은 신과 자연으로부터 해방되어 자연 사물과 인간 사회를 자신의 뜻대로 통제할 수 있는 능력을 발견하여 근대의 물질 문명을 이루어냈다. 그러나 모더니티가 성취한 신과 자연으로부터의 해방은 동시에 신성과 자연성의 상실을 의미했다. 신과 자연으로부터 해방되었다고 하지만 실상은 신과 자연을 잃어버린 것이다. 그리하여 사람은 자신 안의 무한하고 영원한 영성 또는 하늘 마음을 망각함으로써 사람됨의 근본을 망각하였다. 근본을 상실하면서 사람이 가야 할 길과 해야 할 행위의 기준을 잃게 되었다. 즉 도덕을 상실하게 된 것이다.

또한 사람은 자연성을 잃어버려 조롱에 갇힌 새가 되어 버렸다. 대우주와 호흡하고 교감하는 사람이 의식의 섬에 갇힌 노예 신세로 전락한 것이다. 현대가 잃어버린 살아 움직이는 싱싱한 자연의 생명력을 회복하는 길이 개벽의 길이다.

다시 개벽은 잃어버린 근본을 되찾는 것이며 잃어버린 싱싱함을 되찾는 것이다. 잃어버린 사람됨의 근본을 되찾아 본래의 나를 회복하는 것이 다시 개벽이며, 잃어버린 약동하는 기운인 궁을심르乙心을 되찾는 것이 다시 개벽이다. 유한한 몸을 중심으로 살아 온 삶을 청산하고 우주적 본성을 중심으로 삼는 삶을 사는 것이(以身換性) 다시 개벽이다. 위로는 하늘에 열려 무한한 존재가 되고 아래로는 땅에 열려 무궁한 내가 되는 것이다. 신성과 자연성을 회복할 때 참된 사람이 된다. 이 참 사람이 내 근본이며 '본래의 나'다.

하늘을 나는 새와도 대화하고, 이름 없는 들꽃과도 대화하고

저 하늘에 빛나는 별과 사계절의 어김없는 운행, 그리고 만물의 탄생과 죽음은 모두 한울님 조화 기운의 자취이다. 사람은 자연과 한 기운으로 통해 있으니 이를 회복함으로써 사람은 하늘과 땅을 하나로 회통시킬 수 있게 된다. 개벽은 소통疏通이며 회통會通이며 관통貫通이다. 그리 되면 하늘을 나는 새와도 대화하고, 이름 없는 들꽃과도 대화하고, 길가의 바위와도 대화할 수 있게 된다. 근대의 합리주의가 파괴한 자연성을 회복하여 사람은 자연과 화합하면서 함께 나아간다.

다시 개벽은 새로운 문명을 건설하는 것이다. 다시 개벽은 나 하나만의 해탈이나 구원이 아니라 모든 사람들이 손에 손을 잡고 다함께 하늘 길을 걷는 것이다. 사람이 자신의 근본을 회복하고 자신의 자연성을 회복하게 되면 남과 함께 더불어 가지 않을 수 없으니 이를 일러 포덕布德이라 한다. 하늘의 덕을 모든 창생들이 다 함께 나눌 수 있도록 하는 것이다. 다시 개벽은 어둠이 있는 곳에 빛을, 무지가 있는 곳에 지혜를, 가난이 있는 곳에 풍요를, 질병이 있는 곳에 치유를, 전쟁이 있는 곳에 평화를 가져다 주는 것이다.

수운은 "십이제국 괴질운수 다시 개벽 아닐런가 태평성세 다시 정해 국태민안 할 것이니."라고 하여 다시 개벽이 우리나라로부터 시작할 것이라고 하였다.

후천개벽은 인류만 새로워지는 것이 아니라 우주 만물이 다 함께 새로워지는 것이다. 그러므로 해월은 "새 하늘 새 땅에 사람과 만물이 또한 새로워질 것이니라."고 하여 자연 사물까지도 일대 개벽을 맞이할 것이라고 하였다.

의암은 구체적으로 유형의 개벽을 예고했다. "무섭게 죽이는 가을 바람이 쌀쌀하고 쓸쓸하게 서쪽으로부터 동쪽에 불어오니, 우거졌던 푸른 초목이 아무리 현재의 모양을 아직 보존하고 있지마는 하룻밤 지나면 산에 가득차 누렇게 떨어지는 가련한 서리맞은 잎이리니, 이제 이 유형의 개벽을 당하여 정신상으로 무형의 개벽을" 하라고 강조하였다. 계절의 변화처럼 우주의 기운이 갑자기 변하니 이에 적응하기 위해서는 먼저 사람이 하늘에 열려 본성을 찾아야 하고 자연성을 회복해야 한다는 것이다. 자기 정신을 자신이 개벽하지 못하면 급격한 우주의 변화에 살아남지 못할 것이라고 하였다. 이러한 때를 당하여 살아남는 길이 하늘 길이며 이 때를 지나고서야 새로운 문명이 밝아온다고 하였다.

산이 검게 되고 길에 비단이 깔리고

　해월은 이러한 후천개벽의 때가 언제 오겠느냐는 제자들의 질문에 '산이 검게 되고 길에 비단이 깔리고, 만국병마가 우리나라에 왔다가 돌아가는 때'라고 대답하였다. 그러나 아무리 그 때가 다가온다고 해도 내 마음에 하늘을 모시지 못하고, 내 마음이 조화에 통하지 못한다면 무슨 소용이 있겠는가? 그러므로 사람은 오직 공경으로 하늘을 모시고, 정성으로 하늘 기운과 소통하여 만사를 알고 통제하는 중심 자리에 우뚝 서야 할 것이다.